유물로
보는
한글의
역사

유물로 보는 한글의 역사

2016년 5월 25일 초판 인쇄
2016년 5월 30일 초판 발행

지은이 | 정창권, 윤종선, 노혜진, 박현정, 윤태근
교정교열 | 정난진
펴낸이 | 이찬규
펴낸곳 | 북코리아
등록번호 | 제03-01240호
주소 | 13209 경기도 성남시 중원구 사기막골로 45번길 14
         우림2차 A동 1007호
전화 | 02-704-7840
팩스 | 02-704-7848
이메일 | sunhaksa@korea.com
홈페이지 | www.북코리아.kr
ISBN | 978-89-6324-483-9 03710

값 13,500원

*이 도서의 국립중앙도서관 출판예정도서목록(CIP)은 서지정보유통지원시스템 홈페이지
  (http://seoji.nl.go.kr)와 국가자료공동목록시스템(http://www.nl.go.kr/kolisnet)에서
  이용하실 수 있습니다. (CIP제어번호 : CIP2016012878)

유물로 보는 한글의 역사

정창권 외 지음

북코리아

세상에는 약 100개 정도의 문자가 있다. 그러나 이들 문자의 대부분이 언제, 누가, 왜 만들었는지는 알 수 없다고 한다. 이에 비해 한글은 만든 날짜, 만든 사람, 만든 이유가 명확한 문자다.

1443년 세종대왕이 백성을 위해 만든 한글은 사람의 발음기관을 본떠서 만든 글자였다. 창제 원리의 독특함은 한글 24자만으로 입에서 나오는 말소리를 기록할 수 있는 장점을 갖게 했다.

간단한 예로 '고마워'를 가지고 살펴보자. 우리는 입으로 말한 그대로 '고마워'를 표기하여 동일하게 읽는다. 이에 비해 영어는 알파벳으로 'Thank you'라고 쓰고 발음은 '[θæŋkju]'라고 한다. 중국어의 경우도 한자로 '谢谢(사례할 사)'라고 쓰고, 알파벳을 빌려 '[xiè · xie]'라고 발음한다. 입에서 나오는 소리와 표기에 차이가 난다. 그러다 보니 말을 표기하는 문자 외에도 발음기호를 따로 알고 있어야 글자를 읽을 수 있다. 그런데 한글은 이런 불편함이 없다. 오히려 영어와 중국어의 발음까지 '땡큐', '쎄쎄'라고 표기할 수 있다. 이처럼 입에서 나오는 말소리와 글이 일치하는 것은 한글이 지닌 우수함이자 편리함이다.

한글이 창제되기 전, 우리 선조들은 우리 문자가 없는 불편함을 고스란히 경험했다. 선조들은 한자나 한자를 빌려 만든 글자를 사용했다. 말과 글이 다른 생활을 해야 했던 것이다. 그나마 한자를 배우고 익힌 양반들은 글도 쓰고 책도 읽었지만, 한자를 읽고 쓸 줄 모르는 백성은 멀리 떨어진 지인과 편지를 주고받는 것도 힘들었다. 때로는 글을 몰라 억울함을 당하기도 했다. 어떤 백성은 한자로 기록된 문서를 읽고 쓸 줄 몰라서 다른 이에게 재산을 뺏기고 곤장 맞는 형벌을 받기도 했다. 그런 까닭에 한글의 등장은 소통의 어려움을 해소하는 단비와도 같았다.

그렇다면 한글은 창제되자마자 모든 사람에게 환영받고 지금처럼 우리나라를 대표하는 글자로 쓰였을까? 아니다. 세종대왕의 한글 창제를 반대하는 사람도 있었고, 이미 한자가 있는데 새 글자를 무엇하러 만들었냐고 불평하는 사람도 많았다.

그럼에도 한글은 그 가치를 아는 사람들의 노력으로 지속적으로 보급되었다. 이러한 노력의 결과물이 바로 한글과 관련된 유물이다. 한글 유물은 한글의 발자취이자 역사다. 한글과 관련된 유물은 우리가 익히 알고 있는 것도 있지만 모르는 것도 많다. 박물관에서 곤히 자고 있는 유물에는 우리가 몰랐던 여러 이야기가 얽혀 있다. 어떤 이야기일까? 지난 2년간 필자들은 한글박물관 스토리텔링 사업에 참여하여 한글과 관련한 100여 점의 유물을 정리하고, 각 유물이 등장한 배경과 과정을 조사하며 자료를 수집했다. 그리고 이때 제작한 『한글 유물 스토리집(2014. 11. 14)』을 기초로 하여 스토리텔링을 대대적으로 수정하고 보완했다. 이 과정에서 한글의 역사를 대표하는 중요 유물 35점을 선정했다. 선정된 유물은 한글의 변천사와 더불어 초기·중기·후기로 배열되었다. 그리고 한글에 얽힌 역사를 대중이 재미있게 이해하도록 이야기 형식으로 원고를 제작했다.

이렇게 하여 3부로 이루어진 한글의 역사가 완성되었다. 1부는 한글의 창제 및 보급과 관련한 이야기이며, 2부는 한글이 생활에서 널리 사용되었음을 보여주는 이야기이고, 3부는 한글이 새 시대를 주도했음을 알려주는 이야기다.

각 이야기의 기본은 유물이 등장한 배경, 목적, 사용 양상, 의의 등을 중심으로 스토리텔링화되었다. 특히, 이야기 구성은 실록과 논문 자료 등의 사실에 근거했고, 이야기의 공백을 메우기 위해 작가적 상상력이 필요한 경우도 시대적인 정황과 사료가 제시한 범위를 넘지 않기 위해 조절했다. 이러한 스토리텔링 방법은 한글의 역사를 사실적이고 재미있게 전달하기 위한 새로운 시도였다. 시중의 기존 책이 한글에 대한 단편적 지식 전달임에 비해 이 책은 유물에 얽힌 이야기를 통해 '한글의 역사'라는 새로운 이야기 분야를 세우고자 했다.

이렇게 스토리텔링으로 다시 태어난 '한글의 역사'는 독자들에게 어떻게 다가갈 것인가?

부디 독자들의 많은 조언과 질책이 있길 바라며, 더불어 이 책에 담긴 유물 이야기를 통해 독자들이 그동안 몰랐던 한글의 역사를 생생히 느끼고, 나아가 한글을 가진 민족이라는 자긍심을 다시금 가슴에 새기길 희망한다.

차 례

머리말 ·· 5

1 한글을 창제하다

1. 우리나라 최고의 보물, 『훈민정음 해례본』 ······························· 15

2. 백성을 위한 『훈민정음 언해본』 ··· 22

3. 세종의 수상한 명령으로 완성한 『용비어천가』 ························ 27

4. 훈민정음으로 천 개의 강을 비춰라, 『월인천강지곡』 ················· 34

5. 백성의 마음을 움직인 책, 『삼강행실도 언해』 ························· 39

6. 140년을 기다려 완성한 『사서언해』 ···································· 46

7. 누구나 흥겹게 읽어라, 『번역소학』 ···································· 52

8. 우리는 고려에서 왔소, 『번역노걸대』 ·································· 58

9. 어린이 한자 학습서, 『훈몽자회』 ······································ 64

10. 한 장의 표로 쉽게 배우는 한글, 언문반절표 ·························· 69

2 한글의 시대가 되다

1. 어린 시절 정조의 한글 편지 ··· 79

2. 조선의 국모였던 명성황후의 한글 편지 ························· 87

3. 조선의 사대부 여성이 임금에게 올린 한글 탄원서 ················· 94

4. 조선의 무예를 살려라, 『무예제보』 ······························· 101

5. 전염병을 물리쳐라, 『간이벽온방』 ······························· 106

6. 말이 곧 국력이다, 『마경초집언해』 ······························· 111

7. 금슬 좋은 부부가 만든 가정백과사전, 『규합총서』 ··············· 117

8. 제사상 차리는 법을 익히는 놀이, 습례국 ······················· 123

9. 만든 이의 기원을 담은 한글 버선본 ······························· 128

10. 누구나 쉽게 배우는 거문고 악보집, 『금합자보』 ··············· 132

11. 최초의 가집, 『청구영언』 ··· 140

12. 한글 소설의 꽃, 『완월회맹연』 ······························· 148

3 국민의 문자가 되다

1. 최초의 한글 천주교 교리서, 『주교요지』 …………………………… 157

2. 불길 속에서 살아남은 한글본 『성경직해』 …………………………… 164

3. 한글로 탄생한 베스트셀러, 『천로역정』 …………………………… 170

4. 프랑스 신부가 처음 만든 한글 사전, 『한불자전』 …………………… 176

5. 최초의 현대적인 국어사전의 원고, 「말모이」 …………………… 182

6. 조선 민중의 눈과 귀가 된 한글신문, 『대한매일신보』 …………… 186

7. 최초의 한글 문법 연구서, 『국문정리』 …………………………… 192

8. 주시경의 한글 문법서, 『국어문법』 …………………………… 198

9. 시각장애인의 눈을 밝힌 글자, 훈맹정음 …………………………… 203

10. 헐버트가 만든 한글 세계지리 교과서, 『사민필지』 …………… 208

11. 개화기에 처음 만든 근대 국어 교과서, 『국민소학독본』 …………… 214

12. 해방 후 처음 만든 국어 교과서, 『초등국어교본』 …………… 220

13. 대한민국에서 최초로 정한 공식 국어 교과서, 『바둑이와 철수』 …… 225

맺음말 ……………………………………………………………………… 231

참고문헌 …………………………………………………………………… 235

1

한글을 창제하다

우리나라 최고의 보물, 『훈민정음 해례본』

백성을 위한 『훈민정음 언해본』

세종의 수상한 명령으로 완성한 『용비어천가』

훈민정음으로 천 개의 강을 비춰라, 『월인천강지곡』

백성의 마음을 움직인 책, 『삼강행실도 언해』

140년을 기다려 완성한 『사서언해』

누구나 흥겹게 읽어라, 『번역소학』

우리는 고려에서 왔소, 『번역노걸대』

어린이 한자 학습서, 『훈몽자회』

한 장의 표로 쉽게 배우는 한글, 언문반절표

지금으로부터 약 573년 전인 1443년, 세종대왕이 '훈민정음'을 창제했다. 세종대왕은 약 3년이 지난 1446년에 '훈민정음'을 백성에게 반포했다. 현재 우리가 사용하는 '한글'이라는 명칭은 1910년에 붙여진 이름이다. 조선시대 사람들은 새 문자를 '훈민정음', '정음', '언문'이라 불렀다. '훈민정음'은 백성을 가르치는 바른 소리라는 뜻이고, '정음'은 한자음을 표기하는 문자라는 뜻이다. '언문'은 한자나 한문이 아닌 다른 문자, 다른 글을 부르던 일반적 명칭이다. 부르던 이름이 다양했던 만큼 새 문자에 대한 생각도 각양각색이었다.

　한자와 중국 문화를 중시했던 당시 양반들에게 훈민정음은 한자 보다 중요한 글자가 아니었다. 그저 한자가 아닌 다른 문자 중 하나였다. 일부에서는 한글을 수준 낮은 글자라 업신여겼다. 그러다 보니 훈민정음이 보급되기까지는 오랜 시간이 걸릴 수밖에 없었다.

　세종대왕은 백성에게 훈민정음을 가르치기 위해 여러 정책을 펼쳤다. 훈민정음의 원리와 해설을 담은 책을 펴냈고, 한문으로 기록된 책을 한글로 번역하도록 명했다. 이 과정에서 시와 노래를 한글로 옮겨 쓴 작품이 완성되었고, 불교를 믿는 사람들을 위해 부처와 불교 관련 이야기를 한글로 옮겨 책을 간행했다. 백성에게 예법과 도덕을 가르칠 목적으로 유교와 관련된 책도 한글로 옮겨 펴냈다. 점차 한글을 배우려는 백성이 생겨나면서 한글 익힘표도 등장했다. 그 외에도 한자음의 발음을 한글로 표기한 한자음 학습서와 몽골어, 일본어 등 외국어 발음을 한글로 표기한 외국어 학습서도 언해본으로 만들었다. 이렇게 한문을 한글로 옮겨 적는 것이 '언해'이고, 완성한 책이 '언해본'이다. 현재 전하는 언해본 유물들은 바로 한글의 초기 역사를 담고 있다.

제1부에 담긴 유물은 이와 관련된 것으로, 『훈민정음 해례본』, 『훈민정음 언해본』, 『용비어천가』, 『월인천강지곡』, 『삼강행실도 언해』, 『사서언해』, 『번역소학』, 『번역노걸대』, 『훈몽자회』, '언문반절표' 등 10점의 유물이다. 이는 훈민정음을 창제한 후 이를 보급하기 위해 만든 가장 오래된 한글 유물이다.

1

우리나라 최고의 보물,
『훈민정음 해례본』

『훈민정음 해례본』은 1446년 세종(1397~1450)의 명으로 만든 훈민정음 해설서다. 책에 표기된 그대로 『훈민정음』 혹은 한문으로 썼다는 점에서 『훈민정음 한문본』이라 한다. 하지만 문자의 사용법을 풀이해 놓았기에 일반적으로 『훈민정음 해례본』이라 한다. 1962년에 국보 70호로 지정되었고, 1997년에 유네스코 세계기록유산으로 선정되었다. 현재 간송미술관에서 소장하고 있다.

다음 글은 『세종실록』과 궁녀 · 사역원 관리에 관한 참고문헌을 바탕으로 훈민정음의 창제 · 전파 과정을 이야기로 재현한 것이며, 간송 전형필의 일화를 토대로 일제강점기 훈민정음의 전승 상황까지 이야기화한 것이다.

1443년, 집현전 부제학 최만리가 상소문을 올렸다.

"전하, 어찌 이런 무익한 글자를 만드셨습니까!"

부제학은 궁중의 문서를 관리하고, 처리하며, 때로는 왕에게 자문을 하는 관리다. 최만리의 상소문에는 새 문자를 반대하는 내용이 가득했다. 여러 신하들은 한자가 있음에도 새 문자를 만든 것이 탐탁지 않았다. 하지만 세종은 뜻을 굽히지 않았다. 오히려 3년 동안 새 문자의 실용성을 확인하며, 한자음을 훈민정음으로 정리하기까지 했다. 그리고 훈민정음을 알릴 해설서를 만들기로 결심했다.

"경들은 어찌 이 일이 그르다 하느냐! 언문은 백성을 편리하게 하려 한 것이다. 내가 직접 글자를 창제한 이유를 알리고 글자의 원리를 깨닫게 할 것이니 그대들은 이를 한문으로 풀어 설명하라!"

세종은 훈민정음이 얼마나 유용한지 알려주기 위해 집현전 학사들과 훈민정음 해설서를 만들기 시작했다.

일명 '여덟 학사'로 불린 정인지, 최항, 박팽년, 신숙주, 성삼문, 강희안, 이개, 이선로가 이 일에 참여했다. 책은 임금이 직접 쓴 '서문'과 '예의' 부분, 집현전 학사들이 쓴 '해례' 부분, 정인지의 '서문' 부분으로 구성되었다. '서문'은 오늘날의 머리말과 같으며, '예의'는 새 글자 28자 각각의 소리 값과 쓰는 방법을 설명한 본문에 해당한다.

구체적으로 살피면, 세종은 책의 앞부분에 위치한 '서문'에 훈민정음의 창제 동기와 취지를 다음과 같이 썼다.

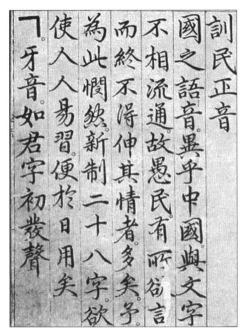

『훈민정음 해례본』 서문

『훈민정음 해례본』 예의(간송미술관 소장)

나랏말이 중국과 달라 한자와 서로 통하지 아니하므로 어리
석은 백성이 말하고 싶은 것이 있어도 마침내 제 뜻을 잘 표현하
지 못하는 사람이 많다. 내가 이를 딱하게 여기어 새로 28자를
만들었으니, 사람들로 하여금 쉽게 익혀 날마다 쓰는 데 편하게
할 따름이다.

－『훈민정음』 서문

서문의 뒤에 위치한 '예의' 편에는 훈민정음의 문자 활용법을 담

아 초성·중성·종성의 모양과 소리, 글자 쓰는 법을 설명하여 적었다. 이어서 여덟 학사는 '해례'를 담당하여 썼다. '해례'는 '예의'를 풀이하는 글로, 다섯 가지 해설이 담겼다. 글자를 만든 원리와 기준을 설명한 '제자해', 첫소리 글자를 설명한 '초성해', 가운뎃소리 글자를 설명한 '중성해', 끝소리 글자를 설명한 '종성해', 초성·중성·종성을 합해 글자 만드는 것을 설명한 '합자해', 글자 사용의 예시를 다룬 '용자례'를 각각 넣었다. 그리고 책의 마지막 부분은 정인지가 임금이 쓴 서문을 쉽게 풀어 다시 서문을 달았다.

이렇게 내용이 정해지자, 원고를 글로 옮겨 적는 일은 안평대군이 맡았다. 세종의 셋째아들인 안평대군은 뛰어난 서체를 지닌 인물이었다. 안평대군의 원고가 완성되자, 언문청을 중심으로 목판 작업을 시작했다. 당시에는 하나의 목판을 만들어 여러 권의 책을 찍어냈다. 중요한 작업이었던 만큼 훈민정음과 관련한 사무를 집행하던 언문청에서 일을 도맡았다. 언문청은 '정음청'으로도 불리던 임시 관서였다.

정음청의 주도로 신하들은 단단한 나무에 원고를 뒤집어 붙이고, 글자를 제외한 나머지 바탕을 조심스레 파냈다. 글자를 새긴 목판이 완성되자 목판에 먹물을 듬뿍 먹이고, 그 위에 종이를 얹었다. 행여 찢어질까 조심스레 문질렀다. 한 장 한 장 찍어낸 종이를 하나로 묶자, 한 권의 책이 되었다.

1446년, 드디어 가로 16.8cm, 세로 23.3cm 크기에 총 33장으로 이루어진 『훈민정음 해례본』이 탄생했다.

『훈민정음 해례본』은 한글을 이해하는 첫 해설서였다. 세종은

『훈민정음 해례본』을 왕실 사람들과 신하들에게 읽도록 했다. 이로 인해 왕실 여인들이 훈민정음을 익히고, 이들을 보필하는 궁녀들 또한 새 문자를 사용했으며, 글을 남기기도 했다. 어느새 한글은 궁녀들이 꼭 배워야 할 문자가 되었다.

하루는 상궁이 새로 들어온 궁녀들에게 한글을 가르치고 있었다. 상궁은 궁궐 밖에서 들리는 개구리 울음 소리를 종이에 옮겨 궁녀들에게 내보였다.

'ㄱ, ㅐ, ㄱ, ㅗ, ㄹ, ㄱ, ㅐ, ㄱ, ㅗ, ㄹ'

"자, 한번 읽어보아라. 이게 무슨 글자일꼬?"

제법 아는 체하며 한 궁녀가 나섰다.

"그쯤이야 누워서 떡 먹기지요! 개구리 소리 아닙니까요. 개골개골!"

옆에 있던 어린 궁녀는 소리를 글자로 쓸 수 있다는 사실에 놀라워했다.

"햐, 마마님! 어찌 한 자가 한 음을 내고, 한 음이 한 자가 되는 건가요? 참말로 신기합니다."

상궁은 흐뭇한 미소로 어린 궁녀의 머리를 쓰다듬었다.

"그래, 네 말대로 정음은 참으로 신묘한 글자이니라. 전하께서 글자를 만드시고 말씀하시길, 아무리 어리석어도 열흘이면 28자를 모두 배울 수 있다고 하셨단다. 열심히 읽고 쓰면 금세 모든 만물을 쓸 수 있을 게야."

상궁의 말처럼 왕실 여인들은 누구나 한글로 글을 쓰고 뜻을 전했다. 대비와 중전, 세자빈, 후궁들이 한글을 익히자, 자연스레 이들의 남편이자 아들인 세자와 대군들은 부인이나 어머니와 소통하기 위해 한글을 익혔다.

이렇게 왕실 사람들이 한글을 익히니 관리들 사이에도 변화가 일어났다. 세종은 하급 관리를 뽑을 때 '훈민정음'을 시험 과목으로 지정했다. 일부 양반들은 한글로 한자의 음을 달아 책을 읽으면 한자도 쉽게 공부할 수 있다는 것을 깨닫고 한자보다 한글을 먼저 배웠다.

특히, 중국말을 공부하는 사역원 관리에게 한글은 남다른 의미를 지녔다.

"자네, 언문 덕 좀 봤다지?"

"그러게 말일세. 언문으로 한자 발음을 표기하여 명나라 말을 공부했더니, 본토 발음과 유사한 발음을 할 수 있더군. 거참, 요긴한 글자일세."

통역을 하던 사역원 관리들은 한글로 다른 나라 말을 표기하여 쉽게 발음 공부를 할 수 있었다. 이처럼 『훈민정음 해례본』은 한글을 배우려는 양반들에게도 좋은 해설서 역할을 했다.

그러나 1910년 일제 강점 후에 『훈민정음 해례본』은 자취를 감춰버렸다. 도대체 어디로 간 것일까? 이대로 사라진 것은 아닐까? 그러던 중 1940년, 간송 전형필이 경상북도 안동으로 향했다. 전형필은 우리 문화재를 수집하던 사람이었다. 전형필은 그동안 『훈민정음 해례본』의 흔적을 찾아 전국을 수소문했다. 어려움 끝에 안동에서 발견한 『훈민정음 해례본』은 앞의 두 장이 찢어지고 모서리도 닳은 상태였지만, 진본이었다. 전형필은 당시 주인에게 집 열 채 값의 큰돈을 주고 『훈민정음 해례본』을 구입했다. 이후 해방이 될 때까지 전형필은 『훈민정음 해례본』을 숨겨 보관했고, 1950년 한국전쟁 중에는 옷 속에 『훈민정음 해례본』을 품은 채 피난을 다니며 소중히 지켰다.

이렇게 하여 『훈민정음 해례본』은 현재로 전해질 수 있었다. 훈민정음을 설명해주었던 첫 해설서 『훈민정음 해례본』은 사람들에게 값을 매길 수 없는 귀한 보물인 '무가지보(無價之寶)'라 칭송되었고, 1997년 유네스코 세계기록유산에 등재되어 세계가 인정한 보물이 되었다. 여러 반대에도 불구하고 훈민정음을 고집했던 세종의 집념과 이를 따르고 지키려던 선조들의 노력이 있었기에 『훈민정음 해례본』은 오늘날 한글의 역사를 알리는 최고의 유산이 된 것이다.

2

백성을 위한
『훈민정음 언해본』

　　『훈민정음 언해본』은 『훈민정음 해례본』에서 세종의 '서문'과 '예의' 부분을 우리말로 옮긴 것이다. 정확히 언제 누가 번역했는지 알 수 없다. 다만, 세종 말년부터 세조 초기쯤으로 본다. 『훈민정음 언해본』은 몇 가지 판본으로 전해지는데, 1459년 세조 때 간행된 『월인석보』 책머리에 실린 『세종어제훈민정음』이 원간본으로 추정되며 현재 서강대학교에 소장되어 있다.

　　『훈민정음 언해본』은 『훈민정음 해례본』과 등장 과정이 유사하다. 그러나 『훈민정음 해례본』과 달리 독특한 구성 방법을 보이기에 이를 중심으로 그 제작 이유를 이야기로 구성한 것이다.

"한문으로 쓴 서책을 새 문자로 언해하라!"

1446년 이후 여러 책이 훈민정음으로 옮겨졌다. 바야흐로 언해본이 등장하게 된 것이다. 이 무렵 『훈민정음 해례본』도 한글로 옮겨져 간행되는데, 이것이 바로 『훈민정음 언해본』이었다. 『훈민정음 해례본』이 한문으로 쓴 해설서라면, 『훈민정음 언해본』은 한글로 하나하나 풀어 설명한 해설서였다. 즉 한자를 아는 왕실 사람들과 양반들을 위한 한글 해설서가 『훈민정음 해례본』이라면, 한문을 읽기 어려운 백성을 위한 간편 해설서가 『훈민정음 언해본』이었다.

이미 『훈민정음 해례본』이 있었음에도 백성에게는 왜 『훈민정음 언해본』이 필요했던 것일까?

그것은 당시 책의 구성에서 실마리를 얻을 수 있다. 일반적으로 언해본을 만들 때, 선조들은 한자로 쓰인 본문 단락을 먼저 적고, 그 뒤에 한글로 번역한 본문 단락을 싣는 방법을 썼다. 그러나 한자가 익숙지 않았던 백성이 한문 단락을 읽어가며 일일이 한글 단락을 연결하여 글자 간의 관계를 깨달아 한글을 익힌다는 것은 쉬운 일이 아니었다.

이에 세종은 백성이 한글을 간편하게 익힐 수 있도록 『훈민정음 해례본』에서 '서문'과 '예의' 부분만을 한글로 옮겨 적어 『훈민정음 언해본』을 만들라고 집현전 학자들에게 명했을 것이다.

백성을 배려하는 세종의 마음을 이해했던 학자들은 보다 간편한 해설서를 만들기 위해 고민했다.

"어찌해야 백성이 훈민정음을 쉽게 깨달아 배우고 익힐 수 있을까?"

"백성이 훈민정음을 쉽게 읽을 수 있으려면, 언해 방법이 옛 책과 달라야 하지 않을까?"

고민 끝에 집현전 학자들은 글을 옮겨 적는 방법을 궁리했고 좋은 생각을 떠올렸다.

'그래! 문자와 소리를 구별하여 적어보자꾸나!'

학자들은 기존 언해본처럼 단락을 중심으로 언해하는 것이 아니라, '문자'와 '정음'으로 구별하여 옮겨 적기로 한 것이다. '문자'는 한자로 된 관용구나 문장을 의미했고, '정음'은 그 한자에 짝이 되는 우리말을 의미했으며, 이는 곧 말소리를 뜻했다.

『훈민정음 해례본』의 서문을 예로 본다면, '國之語音'이 문자이고, 이 한자와 짝이 되는 우리말이 '나랏 말씀'이다. 이것을 『훈민정음 언해본』에서는 문자와 정음으로 구별해 다음과 같이 썼다.

國격之지語어音흠이   나랏 말쓰미

〈문자〉   〈정음〉

이렇게 해서 선조들은 한문 단락과 한글 단락이 아닌 단어(문자)의 의미별로 우리말(정음)을 대응하여 묶어 풀어 『훈민정음 언해본』

24

을 만들었다. 이것은 일반적인 언해본과는 다른 방법이었기에 중요한 의미가 있었다.

한 글자 한 글자 정성스레 기록된 『훈민정음 언해본』에서 문자와 정음은 조화롭게 짝을 이루었다. 그리고 한자의 음도 한글로 달았다. 훗날 『훈민정음 언해본』은 1459년 세조 때 간행된 『월인석보』 책머리에 『세종어제훈민정음』으로 실렸다. 한자가 어려웠던 백성은 『훈민정음 언해본』을 받아들고 집게손가락으로 짚어가며 중얼거렸을 것이다.

國·귁之징語:엉音흠·이

　國·귁·은 나·라히·라

　之징·는 ·입·겨지·라

　語:엉는 :말·쏘미·라

나·랏 :말쏘·미

－ 『세종어제훈민정음』 서문

"그러니까 國(귁)은 '나라'이고, 之(징)는 다른 글자를 보조하는 입겻(오늘날의 어조사)이란 소리네. 그래, '나라의'란 말이구나. 그럼, 語(엉)音(흠)은 입에서 나는 소리니까 '말'이라고 할 수 있겠군. 아하! 나라의 말! 내 입에서 나오는 말소리를 이렇게 쓰는 거였구나!"

이와 같은 백성의 감탄처럼 『훈민정음 언해본』은 간편한 한글 교재였다. 아마도 백성은 『월인석보』 책머리에 『세종어제훈민정음』이란 명칭으로 실린 『훈민정음 언해본』을 읽고 한글을 이해한 후,『월인석보』의 본문에 언해된 석가모니 이야기를 읽으며 한글을 더 재미있게 배웠을 것이다.

이처럼 선조들은『훈민정음 언해본』을 만들며 한자를 어려워한 백성까지도 쉽게 한글을 배울 수 있도록 배려했다. 이런 마음이 담겼기에『훈민정음 언해본』을 '백성을 위한 해설서'라 부르는 것이다.

세종의 수상한 명령으로 완성한
『용비어천가』

『용비어천가』는 한글로 쓴 장편서사시다. 세종의 명으로 정인지, 권제, 안지 등이 1445년에 완성했다. 이후 세종이 제목을 『용비어천가』라 지어 1447년 간행했다. 국문시와 한시로 이루어진 125장은 조선 왕실의 조상인 목조, 익조, 탁조, 환조, 태조, 태종 6대를 찬양하고, 후대 임금을 가르치는 내용을 담았다. 그 외에도 역사적 사실, 한자의 음과 뜻의 풀이를 붙였다. 현재 서울대학교 규장각에서 보관하고 있다.

다음 글은 『용비어천가』와 관련한 『세종실록』의 기록을 바탕으로 그 제작 과정과 이유를 이야기로 재현한 것이다.

1447년 '용비어천가'란 제목의 장편서사시가 간행되었다. 왕조를 찬양하고 조선 개국의 정당성을 합리화하기 위해 만든 가사 작품이었다. 훈민정음 반포 1년 만에 한글로 간행한 첫 가사문학이었음에도 문체는 잘 정돈된 상태였으며, 표현은 매우 유려하고 정교하기까지 했다. 오랜 세월 한문에만 익숙했던 당시 조선 상황을 고려해본다면, 참으로 놀라운 일이었다. 어떻게 이런 일이 가능했던 것일까?

이야기는 『용비어천가』 간행 10년 전으로 거슬러 올라간다.

1437년 4월, 세종은 현재 함경도에 해당하는 함길도 관찰사에게 다음과 같은 지시를 내렸다.

"함길도 지역은 내 조상께서 사셨던 곳이다. 내 조상이 어느 마을에서 태어나셨고, 옮긴 마을은 어디인지 알아보라. 혹시 마을의 이름이 바뀌었다면 예전 이름과 지금 이름을 빠짐없이 조사해 글로 올리라."

이렇게 세종은 자신의 아버지, 할아버지, 할아버지의 할아버지였던 '태종, 태조, 환조, 도조, 익조, 목조'를 조사하도록 했다. 명을 받은 관찰사는 함길도를 조사했고, 약 4개월 후 결과를 보고했다.

하지만 세종의 명령은 이후에도 계속되었다.

"그대들은 과거 왜구가 침입했던 사건을 기억하는가? 그때 내 할아버지인 태조께서 왜구를 소탕하셨다. 그 업적은 반드시 후세에 전해야 할 기록이다. 그러니 경들은 이를 본 사람이나 마을의 늙은 이를 찾아가 조사하라. 노래나 이야기가 있다면 그 또한 조사하라."

세종은 백성 사이에 불리는 노래나 이야기도 수집하도록 명했다. 입에서 입으로 전해지는 설화와 역사적 사실을 찾아 왕조의 흔적을 꼼꼼히 정리하도록 한 것이다. 이 일은 무려 10년 동안 계속되었다. 하지만 신하들은 세종이 품은 뜻을 알 수 없었다.

그러던 1443년, 한글이 창제된 후 세종은 신하들에게 새 명을 내렸다.

"왕조의 업적을 기리고 후대 왕에게 이를 본받게 할 '시'를 훈민정음으로 쓰라!"

세종은 앞서 10년 동안 행한 조사를 토대로 '훈민정음'으로 작성한 시를 쓰도록 명령했다. 이 일에 대해『조선왕조실록』은 "임금이 바야흐로『용비어천가』를 짓고자 하여 이러한 전지를 내린 것이었다."라고 기록한다.

10년간 내려진 세종의 수상한 명령은『용비어천가』를 만들기 위한 철저한 계획이었던 것이다. 조선은 고려 왕조의 신하였던 이성계가 역성혁명을 일으켜 세운 나라였다. 세종은 나라를 통치하는 과정에서 왕위 계승의 정당성이 부담으로 작용할 것을 고심했다. 특히 세종의 아버지였던 태종이 왕자의 난을 통해 왕위에 오르고, 자신 또한 장자인 양녕대군을 대신하여 왕이 되었기에 왕조의 정통성을 굳건히 할 필요가 있었다. 이런 까닭으로 세종은 신하들에게 직계 6조인 '목조, 익조, 도조, 환조, 태조, 태종'의 업적과 공을 수집하도록 했다. 그렇다면 왜 왕조의 업적을 다룬 시를 한글로 썼을까?

왕조의 업적을 노래한 시의 필요성은 신하들도 정치적으로 공감하고 있는 부분이었다. 이에 세종은 훈민정음을 반기지 않는 신하들이라도 왕조를 찬양한 시를 새 문자로 쓰는 일은 기꺼이 따를 것이라 판단했다. 이렇게 세종은 왕조의 뿌리를 다룬 시를 훈민정음으로 써서 정치적인 뜻을 폈으며, 동시에 새 문자 훈민정음을 보급할 수 있었던 것이다.

결국 1445년 신하들은 세종의 명에 따라 그동안 조사한 기록과 이야기, 노래를 바탕으로 긴 시를 만들었다. 이미 많은 조사가 있었기에 시는 풍부한 내용과 자연스러운 문체를 갖출 수 있었다. 그리고 1445년 4월, 이를 임금에게 올렸다.

해동(海東) 육룡(六龍)이 ᄂᆞᄅᆞ샤 일마다 천복(天福)이시니

고셩(古聖)이 동부(同符) ᄒᆞ시니

우리나라의 여섯 임금 나시어 그 하신 일마다 하늘이 내리신 복이시니라.
옛날의 성인(중국의 옛날 임금)이 하신 일과 부절을 합친 것과 같으시니라.

- 『용비어천가』 1장

불휘 기픈 남ᄀᆞᆫ ᄇᆞᄅᆞ매 아니뮐씨 곶됴코 여름 하ᄂᆞ니

시미 기픈 므른 ᄀᆞ모래 아니그츨씨 내히 이러 바ᄅᆞ래 가ᄂᆞ니

뿌리 깊은 나무는 바람에 움직이지 아니하니 꽃 좋고 열매 많으니라.
샘이 깊은 물은 가물에 아니 그치므로 내를 이루어 바다에 가느니라.

- 『용비어천가』 2장

천세(千世) 우희 미리 정(定)ᄒᆞ샨 한수북(漢水北)에 누인개국(累仁開國)ᄒᆞ샤 복년(卜年)이 ᄀᆞᆺ업스시니

셩신(聖神)이 니ᅀᆞ샤도 경천근민(敬天勤民)ᄒᆞ샤ᅀᅡ 더욱 구드시리이다

님금하 아르쇼셔 낙수(洛水)예 산행(山行) 가이셔 하나빌 미드니잇가

천대 옛날 미리 정하신 한강 북에 어진 일을 쌓아 나라를 여시어 해가 한이
없으시니
성신이 이으셔도 하늘을 공경하고 백성을 위해 힘쓰셔야 나라가 더욱 굳으실
것이니이다.
임금이시여 아소서, 낙수에 사냥 가서 조상의 공덕만을 믿을 것이겠습니까?

－『용비어천가』125장

세종의 선조인 '목조, 익조, 도조, 환조, 태조, 태종'은 작품에서
여섯 마리 용에 비유되었고, 여섯 임금의 생애는 시로 되살아났다.
또한 옛 일화를 예로 들어 현명한 임금의 바른 행실을 말하고, 후왕
에게 그른 길을 경계하는 내용도 시에 담았다.

오랜 시간을 기다린 만큼 『용비어천가』를 받아드는 세종의 기쁨은
컸다.

"수고했도다. 여섯 마리 용이 날아올라 하늘을 다스리듯, 후대
임금은 그 업적을 본받아 나라를 다스려야 한다. 내 그 뜻을 담아 제
목을 『용비어천가』라 칭할 것이다."

세종은 책명을 『용비어천가』로 명명했다. 그 후 『용비어천가』
는 최항, 박팽년, 강희안, 신숙주, 이현로, 성삼문, 이개, 신영손 등의
참여로 국문 가사와 내용이 보완되어 몇 차례 수정되었다. 그리고
1447년 10월에 550권이 간행되었다.

훈민정음 반포 전후 1년 남짓한 기간에 완성된 『용비어천가』는
마치 오래전부터 한글을 사용해온 사람이 쓴 것처럼 문장 표현이
부드럽고 자연스러웠다. 이후 세종은 『용비어천가』를 통해 '훈민정

『용비어천가』 1권 1장
(서울대학교 규장각 소장)

음'의 사용 범위를 넓히고자 했다. 이에 대해 실록은 다음과 같이 기
록한다.

예조에서 좋은 술 50병과 소·양·기러기·오리 등 물건을
진상하니, 임금이 강녕전에 나와 창기와 재인으로 하여금 용비
어천가를 연주하게 하였는데, 향악과 당악을 관현악으로만 하
고, 노래는 부르지 못하게 하였다. 세자와 대군 이하가 다 입시
하지 아니하였다.

－『세종실록』세종 29년 5월 5일

처음에 임금이 용비어천가를 관현에 올려 느리고 빠름을 조절하여 치화평·취풍형·여민락 등 음악을 제작하매 모두 악보가 있으니, 치화평의 악보는 5권이고, 취풍형과 여민락의 악보는 각각 2권씩이었다.

- 『세종실록』 세종 29년 6월 4일

이처럼 세종은 강녕전에서 『용비어천가』의 연주를 명했고, 직접 『용비어천가』의 악곡을 조율했다고 한다. 훈민정음을 사용하여 쓴 『용비어천가』에 대한 세종의 애착과 관심은 『용비어천가』를 궁중음악으로도 쓰도록 한 것이다.

현재 『용비어천가』는 왕조의 뿌리를 노래한 최초의 한글 서사시이자, 초기 한글의 모습을 보여주는 가장 오래된 문학작품으로 기록된다. 『용비어천가』가 오늘날까지 역사적 가치가 큰 유물로 남을 수 있게 된 것은 10년간 준비한 세종의 치밀함과 훈민정음에 대한 깊은 애정이 있었기에 가능한 일이었다.

4

훈민정음으로 천 개의 강을 비춰라, 『월인천강지곡』

　　『월인천강지곡』은 세종이 직접 지은 불교 찬가를 묶은 노래집이다. 세종의 명을 받은 둘째아들 수양대군이 소헌왕후의 명복을 비는 석가모니 일대기『석보상절』을 지어 올렸고, 이를 본 세종이 직접 석가모니의 공덕을 칭송한『월인천강지곡』을 지었다. 『월인천강지곡』은 석가의 일대기를 악장인 운문 형식으로 표현했으며, 한글 위주로 한자를 병기했다. 이에 한글로 표기된 불교 관련 최초의 운문이라 평가받는다. 현재 ㈜대한교과서에서 소장하고 있다.

　　다음 글은 『세종실록』, 『세조실록』의 기록을 바탕으로 『월인천강지곡』의 제작과 사용 과정을 이야기로 구성한 것이다.

세종과 소헌왕후는 서로 아끼고 사랑하는 부부였다. 세종이 한글을 만들자 누구보다 기뻐한 사람이 소헌왕후였지만, 안타깝게도 세종이 한글을 반포하기 1년 전에 세상을 떠나고 말았다. 홀로 남은 세종은 소헌왕후가 생각날 때마다 나랏일로 쓸쓸함을 달랬다. 세종은 소헌왕후가 무척 그리웠다. 이에 세종은 아내의 명복을 빌고자 둘째 아들 수양대군에게 명을 내렸다. 불경에서 석가모니 이야기를 뽑아 언해하여 『석보상절』을 짓도록 한 것이다.

1447년 어느 날, 드디어 수양대군이 세종에게 『석보상절』을 지어 올렸다.

"아바마마, 명하신 책의 일부이옵니다."

세종은 아들이 올린 책을 감격스럽게 받아들였다. 원래 세종은 유교를 중시하는 임금이었지만, 죽은 소헌왕후와 함께 불심도 깊은 불교 신자였다. 불교에서 부처의 생애나 가르침을 목판에 새겨 찍는 것을 '인경'이라 하는데, '인경'은 불교를 믿는 사람이 할 수 있는 가장 정성스러운 행위였다. 세종이 수양대군에게 석가모니 이야기를 한글로 언해하도록 한 것은 바로 이러한 인경을 하기 위해서였다. 세종은 소헌왕후가 극락왕생하여 좋은 곳에서 다시 태어날 수 있도록 정성을 다하고 싶었다.

어느 날 밤, 늦은 시간까지 『석보상절』을 읽던 세종은 책을 덮으며 눈을 감았다.

'참으로 신비한 일이구나. 슬픔도 끌어안을 수 있다니. 비록 왕후는 떠나고 없지만, 부처님의 자비하심으로 왕후는 극락에서 평온

할 것이다. 부처님의 자비로움이 이처럼 지극한데, 어찌 이 은덕을 백성에게 알리지 않겠는가.'

세종은 석가모니의 일생을 읽으며 깊은 깨달음을 얻었다. 세종에게 부처의 자비는 온 세상을 비추는 달과 같았다. 하나의 달이 천 개의 강을 비추며 존재하는 것처럼 부처의 자비가 온 세상을 위로한다고 여겼다.

세종은 석가모니의 덕을 떠올리며 생각을 모았다.

'부처님의 덕을 높이는 노래를 내 직접 훈민정음으로 만들어야겠다. 모든 백성이 쉽게 읽을 수 있는 훈민정음이야말로 부처님의 자비를 담을 수 있는 가장 좋은 그릇이 될 것이다.'

세종은 천지자연을 닮은 훈민정음으로 석가모니를 칭송하는 노래를 짓기 시작했다. 세종은 노래의 앞부분에 다음과 같이 적었다.

월月인印천千강江지之곡曲썅上

끠其 힗一

외巍외巍 셕釋가迦뿛佛 무無량量무無변邊 공功득德을

겁劫겁劫에 어느다 슬ᄫ리.

높고 높은 석가모니 부처의 그지없고 끝없는 공덕을
이 세상이 다할 때까지 어찌 능히 말로 다할 수 있으리.

– 『월인천강지곡』

세종이 붙인 '곡(曲)'이라는 명칭은 『월인천강지곡』을 산문이 아닌 악장 형식으로 만들었음을 의미했다. 왜 세종은 굳이 훈민정음으로 노래를 만들었던 것일까?

그것은 더 많은 사람들이 훈민정음으로 쓴 글을 따라 부르기를 소망해서였다. 세종은 이런 마음을 담아 한글로 한자음을 크게 쓰고, 한자는 작은 글씨로 오른쪽 아래에 썼다. 『월인천강지곡』의 본문에 한글이 맨 앞자리에 위치하고 뒤이어 한자가 따라오는 구성은 세종의 이런 마음 때문이었다.

이처럼 한글을 앞세우고 한문을 보조적으로 기록한 방식은 후대에 한글 전용 표기의 표준을 마련한 계기가 되었기에 상당한 의미를 지녔다.

『월인천강지곡』을 훈민정음으로 쓰고자 했던 세종의 뜻은 그의 불심만큼 새 문자에 대한 깊은 애정이 담긴 것이었다.

'이 훈민정음으로 말미암아 부처님의 덕은 모든 백성 사이에서 노래될 것이다. 이것으로 훈민정음은 만백성을 비추는 달이 될 것이다.'

백성에게 훈민정음을 알리고자 했던 세종의 열정과 의지는 『월인천강지곡』에 고스란히 간직되었다.

이렇게 해서 1447년에 세종이 직접 구성하고 지은 노래인 『월인천강지곡』이 탄생했다. 세종은 손수 만든 노래를 선명하고 아름다운 활자판인 '갑인자'로 인쇄하라 명했다. 책은 상권, 중권, 하권으로 간행되었다.

세종은 천 개의 강을 비추는 달처럼 훈민정음으로 쓴 노래가 많은 백성에게 읽히고 불리기를 간절히 바랐다.

그 후, 세종이 세상을 떠나고 아들 수양대군이 왕위에 올라 세조가 되었다.

1468년 5월, 세조는 왕실 사람들과 신하들을 불러 모아 궁궐에서 연회를 가졌다. 실록은 그때의 일을 다음과 같이 기록한다.

> 임금이 사정전에 나아가 종친 · 재신 · 제장과 담론하며 각각 술을 올리게 하고, 또 영순군 이부에게 명하여 8기에게 언문 가사를 주어 부르도록 하니, 곧 세종이 지은 월인천강지곡이었다.
>
> - 『세조실록』 세조 14년 5월 12일

세조 때에 이르러 『월인천강지곡』은 세종의 바람처럼 노래로 불리고 있었다. 훈민정음으로 기록된 가사를 읽을 수 있어야 노래도 부를 수 있었기에 연회에 참석한 기생들은 당연히 훈민정음을 배워야 했을 것이다. 『월인천강지곡』을 통해 훈민정음은 더욱 보급될 수 있었으며, 백성 사이에서 점차 중요한 문자로 자리 잡아갔던 것이다.

현재 『월인천강지곡』은 3권 중 상권과 일부 낙장만이 전해지고 있다. 비록 『월인천강지곡』의 온전한 형태를 확인할 수 없으나, 남겨진 자료에 의하면 대략 600곡 정도였던 것으로 추정된다. 이처럼 방대한 양의 불교 찬가를 훈민정음으로 지으며 세종은 훈민정음의 가치가 천 개의 강을 비추는 달처럼 후대로 이어지길 간절히 소망했다.

5

백성의 마음을 움직인 책,
『삼강행실도 언해』

　　『삼강행실도 언해』는 옛 책에서 효자 · 충신 · 열녀 이야기를 뽑아 글과 그림으로 엮은 한문본 『삼강행실도』를 언해한 책이다. 1434년 세종의 명으로 설순 등이 『삼강행실도』 한문본을 목판본 3권 3책으로 간행했고, 훈민정음 창제 후 다시 한글로 번역했다고 한다. 그러나 『삼강행실도』가 정확히 언제부터 한글로 언해되기 시작했는지는 알 수 없다. 다만, 세종 26년 언해에 착수했다는 기록이 있으며, 성종 21년인 1490년에 『삼강행실도』의 일부 내용을 선정하여 언해본을 간행했는데, 이를 『삼강행실도』 선정본이라 한다. 현재 성암고서박물관과 영국의 런던대영도서관, 세종대왕기념사업회 등에 보관되어 있다.

　　다음 글은 『세종실록』, 『성종실록』, 『중종실록』 및 여러 참고문헌을 토대로 『삼강행실도 언해』의 제작과 전파 정황을 이야기로 재현한 것이다.

『삼강행실도』 간행은 유교를 통치 이념으로 확립하고 백성을 윤리적으로 교화하려는 목적으로 시행된 국가 중요 사업이었다. 그것은 조선을 뒤흔든 존속 살인사건에서 비롯되었다.

1428년 9월, 여러 신하들을 비롯하여 세종의 얼굴에도 근심이 가득했다.

"제 아비를 죽인 자가 있다니, 이는 과인에게 덕이 없는 까닭이로다."

세종은 진주에 사는 김화라는 사내가 자신의 아버지를 살해한 소식을 접하고 큰 충격에 빠졌다.

"전하, 그것이 어찌 전하 때문이겠사옵니까. 이는 백성이 도덕을 모르기 때문이옵니다."

"맞사옵니다. 도덕은 유교의 기본인 삼강에서 비롯되는 것이온데, 이것을 모르는 백성이 너무 많사옵니다. 특히, '임금과 신하', '부모와 자식', '남편과 아내' 사이에 지켜야 할 도리인 삼강을 실천하는 백성이 극히 드무옵니다."

신하들의 말에 세종은 깊은 생각에 잠겼다. 이윽고 세종이 무겁게 입을 열었다.

"그러니 더 안타까운 일 아닌가! 백성이 저지른 잘못이 윤리를 배우지 못해서라니, 이는 더 이상 두고 볼 수 없는 일이다. 경들은 속히 백성에게 윤리를 가르칠 수 있는 책을 만들도록 하라. 바른 가르침이 담긴 책을 읽는다면 백성의 마음에도 차차 올바른 생각이 자라날 것이다."

세종의 명을 받은 설순은 우리나라와 중국의 오랜 책에서 모범이 될 만한 효자 · 충신 · 열녀 이야기를 뽑았다. 이때는 훈민정음 창제 이전이었기에 설순과 신하들은 먼저 한문으로 『삼강행실도』를 썼다. 세종은 한문을 어려워할 백성을 배려해 책에 그림도 넣도록 했다. 이윽고 효자 · 충신 · 열녀 각각 110인씩 총 330인을 뽑아 각 인물의 이야기를 한문으로 쓰고 그림도 새겨 넣었다. 이렇게 「효자도」, 「충신도」, 「열녀도」가 완성되자, 뒤에 시와 찬송하는 글을 붙여 1434년 『삼강행실도』 한문본을 간행했다. 한문본 『삼강행실도』는 지도층이 백성에게 윤리를 가르쳐 바른 마음을 갖도록 '교화'하려는 일종의 교화서였다. 세종은 백성이 한문본 『삼강행실도』를 읽어 나라의 풍속이 아름답게 바뀌기를 소망했다.

그러나 예상치 못한 문제가 발생했다.

"한문을 읽지 못하는 백성을 위해 그림까지 넣었는데, 어찌 책을 이해하는 이들이 없단 말인가!"

세종의 고민이 깊어졌다. 그림이 있다고 해도 백성은 한문본 『삼강행실도』의 내용을 이해할 수 없었기 때문이다. 『삼강행실도』의 그림은 이야기의 흐름을 알아야만 그 내용을 알 수 있었다. 『삼강행실도』는 한 지면에 여러 장면을 함께 그려 넣은 책이었다. 「효자도」의 '맹희득금'을 예로 들면, 효자가 부모를 봉양하는 장면과 부모가 돌아가신 후에 상을 치르는 장면, 땅에서 금을 캐는 장면 등 여러 장면이 한 지면에 소개된다. 즉 그림을 위에서 아래로 보느냐, 왼쪽에서 오른쪽으로 보느냐에 따라 내용 이해에 영향을 받았다. 따라서 한자로 기록된 이야기의 흐름을 알아야만 그림의 순서를 올바르게 찾아볼 수 있었던 것이다. 그러다 보니 한자를 모르는 백성에게는 그림도 소용이 없었다. 이 점을 알게 된 세종은 방법을 달리하기로 했다.

"경들은 한양과 각 지방에서 학식 있는 자를 모으라. 그리고 그들로 하여금 귀하고 천함을 가리지 말고 항상 백성을 가르치고 익히게 하고, 입으로 외우고 마음으로 생각하여 모든 백성이 의리를 알고 스스로 새롭게 하려는 뜻을 가져 교화가 이루어지고 풍속이 아름다워지게 하라."

세종은 학식 있는 자로 하여금 백성에게 『삼강행실도』를 가르치도록 한 것이다. 불행히도 이 방법도 효과가 없었다.

결국, 세종은 다른 해결책을 강구해야만 했다. 백성이 이해하기 쉬운 문자로 책을 언해하는 것이었다. 세종의 새 문자 창제 염원은 이것이 하나의 계기가 되어 시작된 것일 수도 있었다. 결국 오랜 염원과 노력의 결실로 세종은 1443년 훈민정음을 창제했다. 그리고 그동안 진행하지 못했던 『삼강행실도』의 언해를 명령했다.

"훈민정음으로 『삼강행실도』를 언해하라! 이를 백성이 읽는다면 어리석은 남녀가 모두 쉽게 깨닫고 그것을 따라 행동하여 반드시 충신·효자·열녀가 나올 것이다."

세종의 명에 신하들은 반대의 뜻을 내비쳤다.

"전하, 사람이 행하거나 행하지 않는 것은 사람의 자질에 달려 있는 것입니다. 어찌 훈민정음으로 번역한 것을 읽었다고 사람이 마음을 바꾸겠습니까? 억지시옵니다."

한글이 못마땅했던 신하들은 새 문자로 쓴 책을 백성에게 읽혀

봤자 소용없다고 여겼다. 그럼에도 세종은 기어코 『삼강행실도』 언해본을 만들라고 명했다.

그러나 아쉽게도 세종 때에 『삼강행실도』 언해본을 언제 어떻게 간행했는지에 관한 기록이 없어 자세한 속사정을 알 수 없다.

다만 1481년 성종 때의 기록에서 『삼강행실도』 언해본이 전해지고 있었음을 추정할 수 있다.

> 언문으로 된 『삼강행실열녀도』를 박아 부녀에게 강습하도록
> 하다.
> - 『성종실록』 성종 12년 3월 24일

위의 기록은 사대부 여성을 위한 『삼강행실열녀도』 언해본의 간행에 대한 기록으로, 간접적이나마 『삼강행실도』 언해본이 존재했음을 확인하게 한다.

이후 1486년에 성종은 『삼강행실도』의 주요 내용을 가려 뽑고 축소하여 다시 책을 만들었다. 한문본 『삼강행실도』에서 일부를 뽑아 골라서 선정하여 묶었기에 『삼강행실도 언해』 선정본이라 부른다. 『삼강행실도 언해』 선정본은 효자·충신·열녀 각각 35인씩 총 105인을 추려서 만들어진 것으로, 책의 맨 위에 한글로 언해한 글을 넣음으로써 읽는 이가 내용을 쉽게 이해하도록 도왔다. 물론 단권이었기에 많이 간행할 수 있었다.

하루는 백성 두 사람이 『삼강행실도 언해』에 적힌 '맹희득금'이란 제목의 효행 이야기를 읽고 있었다.

『삼강행실도』(세종대왕기념사업회 소장)　　　　「효자도」 중 맹희득금

　"어디 보자. 그러니까 부모님을 정성껏 모셨더니 부모님이 돌아
가신 후에 하늘에서 효자에게 상으로 금을 내렸다는 이야기구먼."
　"이보게, 이제 그림도 이해되는구먼. 밑의 장면은 늙은 아버지에
게 효도하는 모습이고, 위의 장면은 아버지가 돌아가신 후에 땅에
서 금을 캔 그림이었어! 지극한 효성에 하늘도 감동했다니 이거야
말로 사람의 도리가 아닌가!"
　백성은 한글로 언해된 글을 읽고, 그것을 그린 그림을 보며 『삼
강행실도 언해』에 담긴 이야기에서 효의 가르침을 얻었다.

그 후 중종 대에 『삼강행실도 언해』는 대량 보급되었고, 책 속 인물의 행동은 백성에게 효와 충을 행하는 모범으로 기억되었다.

1526년 7월, 평안도 관찰사 윤은보가 중종에게 아뢰었다.

"전하, 요즘 백성 사이에 효행이 끊이지 않사옵니다. 시골에 사는 유인석이란 자는 본성이 지극히 효성스러워 부모의 뜻을 잘 받드는 사람으로, 아비 유계선이 병에 걸리자 밤낮으로 아비를 간호했다고 하옵니다. 온갖 약을 써도 아비가 낫지 않자, 유인석은 『삼강행실도』의 일화를 기억하고, 자신을 희생해 아비의 병을 치유했다 하옵니다. 참으로 놀라운 일이옵니다."

"과연, 이 책을 읽은 백성이 윤리를 깨닫고 효를 행하니 나라의 풍속이 날로 교화되는구나."

중종은 흡족한 미소를 지었다. 이후에도 이런 일들이 속속 일어났다고 하니, 어쩌면 우리나라가 '동방예의지국'이라 하여 예의바른 나라라고 불린 것은 혹시 이 『삼강행실도 언해』 덕분이 아니었을까?

비록 오랜 시간이 걸렸지만, 윤리를 모르는 백성에게 이를 가르치고자 했던 세종의 고민과 새 문자 창제에 대한 깨달음이 있었기에 『삼강행실도』 언해본은 탄생할 수 있었던 것이다. 또한 백성이 언해본을 읽으며 사람의 도리를 깨닫고 효를 행한 일들이 늘어났기에 『삼강행실도』 언해본은 백성의 마음을 움직인 책으로 기억될 것이다.

6

140년을 기다려 완성한
『사서언해』

『사서언해』는 1590년 교정청에서 간행한 책으로, 『논어언해』, 『맹자언해』, 『대학언해』, 『중용언해』를 묶어 이른다. 한문으로 쓴 『사서』를 한글로 번역하여 유학자마다 유교 경전을 달리 해석하는 혼란을 바로잡고자 했다. 조선 초 세종 때부터 『사서언해』에 대한 관심이 시작되었으나, 정철·이산해 등의 참여로 선조 때에야 완성했다. 유교 사상을 담은 기본 경전으로, 현재 도산서원과 청주고인쇄박물관에 소장되어 있다.

다음 글은 『사서언해』에 대한 『세종실록』, 『선조실록』의 기록과 여러 논문을 바탕으로 그 제작 과정을 이야기로 재구성한 것이다.

한문으로 기록된 『사서』를 언해본으로 만들려는 시도는 세종 때부터 시작되었다. 『사서』는 한 권으로 된 책이 아니라 『논어』, 『맹자』, 『대학』, 『중용』을 통틀어 일컫는 말이다. 『논어』는 공자의 말을 기록한 것으로 인간을 사랑하는 마음인 인(仁)을 기르고 실천해야 함을 강조한 책이었고, 『맹자』는 맹자의 가르침을 기록한 것으로 본래 사람은 선하기에 꾸준히 옳은 것을 행하도록 의(義)를 중시했다. 『대학』과 『중용』은 송나라에서 유래한 『예기』에서 분리된 것이다. 이에 『대학』은 마음의 수양을 강조하고, 『중용』은 어느 한쪽으로 치우치지 않고 평상심을 유지하는 것을 중시한다.

『사서』에 담긴 내용은 모두 유학의 핵심에 해당하는 것으로 조선 학문의 근원을 이루는 것이었다. 따라서 조선의 선비라면 『사서』를 읽고 공부한 자라야 벼슬길에 나아갈 수 있었다. 그러나 한문으로 기록된 『사서』의 해석을 명확하게 하나로 규합하기 힘들다는 것이 문제였다. 그래서 같은 문장을 읽은 선비라고 할지라도 견해에 따라 해석에 차이가 발생했다. 이것은 학문적 불일치라는 혼란을 야기했다.

일찍이 이런 사정을 안 세종이 1448년 『사서』의 한글 번역을 명했다.

"상주 목사 김구는 『사서』를 언문으로 번역하라."

세종은 상주 목사 김구에게 명을 내리고, 그를 판종부시사에 임명했다. 판종부시사는 서책을 편찬하는 일과 종실의 일을 총괄하던 벼슬이었다. 『사서』를 언해하는 일은 그동안 직제학 김문이 맡았으나, 김문이 갑작스럽게 중풍으로 세상을 떠나자, 세종은 고심 끝에 김구에게 일을 이어가도록 지시했던 것이다. 그러나 김구 역시 『사서』의 언해를 완결할 수 없었다. 그만큼 세종의 한숨도 깊어졌다.

"허어, 어찌 이리도 늦어지는 것인가! 정녕 『사서』를 번역할 인재가 없단 말인가!"

인재가 없음을 한탄하는 것은 어쩌면 당연한 일이기도 했다. 세종이 다스렸던 조선 초기는 조선 역사의 시작점이었다. 나라의 정책과 학문도 이제 막 뿌리를 내리고 싹을 틔우는 출발 단계였다. 그러니 학자들은 모르는 것도 많고 배워야 할 것도 많았다. 게다가 『사서』를 언해하려면 '구결' 혹은 '현토'라고 하여 한문 구절의 끝에 우리말로 정확히 토를 달아야 했는데, 이 일을 할 정도로 한문과 어학에 뛰어난 실력자가 드물었다.

세종의 간절한 바람에도 학자들은 저마다 자신의 능력 부족을 탓하며 고개를 절레절레 흔들었다. 결국, 세종이 시작한 『사서』 번역은 완성되지 못한 채 140년이 넘는 시간이 흘렀다.

1574년 10월 이른 시간, 궁에서는 유학 경서를 읽고 토론하는 조강이 열렸다. 논의를 마친 유희춘이 물러나려 하자 선조가 말했다.

"경이 참으로 수고가 많소이다. 성현들이 말하길 글의 뜻을 알지 못하고 그 자세한 내용을 통할 수 있는 자는 없다 하였는데, 경의 학문이 정밀하고 해박하여 『사서』의 구결과 언해의 시작을 자세히 정하였으니 참으로 대단하도다."

"아니옵니다. 명을 받고 『사서』와 오경의 구결과 언해를 올리게 되었으나, 진실로 신의 힘이 부족하고 책임이 무거워 다 이루지 못하였사옵니다. 전하, 선배 학자 이황의 해설을 근거로 삼고 널리 모든 유신 및 유생들의 말도 들어보아야 할 것으로 판단되옵니다."

"그리하라. 나는 경이 올린 글이 매우 좋게 보이는구나. 『사서』가 모두 이루어지기를 기다린 다음에 올린다면 내가 보기가 용이하지 않을 것이니, 글을 고치는 대로 올려라."

"예, 전하, 그리하겠나이다. 신진 학자 이이도 『대학』의 토를 달고 풀이를 한 것이 있사옵니다. 신이 일찍이 이이와 이야기하게 되었는데 맞는 말이 많았사옵니다. 여러 유학자들과 견해를 나누도록 하겠나이다."

"좋다, 여러 인재들과 논의하여 일을 추진하라."

선조와 이야기를 나눈 유희춘이 자리에서 물러났다. 이리하여 『사서』언해 작업은 선조 때에 와서 다시 박차를 가하게 되었다. 유희춘 외에도 정철과 이산해 등이 참여했다.

그러던 중 1576년 4월, 유희춘은 건강상의 문제로 고향에 내려가기를 청했다. 나이 든 신하의 간청을 거절할 수 없었던 선조는 이이와 유학자들에게 『사서』언해 작업을 이어가라 명했다.

1년 뒤 유희춘이 세상을 떠나고, 이를 이어받은 유학자들의 노력으로 『사서』언해 작업은 마무리되고 있었다. 선조는 흡족한 마음으로 그들을 지원했다.

이에 대해 『조선왕조실록』은 다음과 같이 기록한다.

지난 갑신년에 교정청을 설치하고 문학하는 선비들을 모아 사서삼경의 음석(音釋)을 교정하고 아울러 언해(諺解)를 달도록 하였는데 이때에 이르러 모두 마쳤다.

- 『선조실록』 선조 21년 10월 29일

선조는 『사서』의 음석 교정과 언해를 돕기 위해 성균관에 교정
청을 설치하도록 했고, 후에 이산해를 책임자로 임명했다. 교정청
은 경서교정청으로 알려져 있는데, 주로 서책의 오류를 바로잡아
교정하고 보완하던 임시 관서였다. 선조의 명으로 설치되었던 교정
청은 언해가 끝난 1588년에 해산되었다.

1588년 10월에 『사서언해』가 완성되자 선조는 그 공을 다음과
같이 치하했다.

당상, 낭청 등에게 차례로 상을 주고 태평관에서 어주(御酒)와
1등 풍악을 하사하였다. 이튿날 좌찬성 이산해 이하(以下)가 입
궐하여 전(箋)을 올려 사은(謝恩)하였다.

- 『선조실록』 선조 21년 10월 29일

『사서언해』를 완성한 신하들은 선조가 내린 술과 풍악을 상으
로 받았다. 선조가 신하들을 이처럼 치하한 것은 한글로 쓴 『사서언
해』로 말미암아 유교 정치 이념을 강화하여 국가 정체성을 확보할
수 있었기 때문이다. 또한 『사서언해』는 유교 문헌이었기에 새 문
자에 대한 반감 없이 학자들에게도 훈민정음을 보급할 수 있었던
것이다.

이렇게 해서 훈민정음으로 쓴 유학 책 『사서언해』가 1590년 교

『사서언해』 중
『논어언해』 1권 1장
(도산서원 소장)

정청에서 간행되었다. 『논어언해』는 4권 4책, 『맹자언해』는 14권 7책, 『대학언해』와 『중용언해』도 1책씩 완성되었다. 각 책은 한문 원문에 한글로 한자음과 구결을 붙인 형식이었다. 조정은 『사서언해』를 여러 번 간행했고, 지방에서도 발행했다.

그 후 『사서언해』는 새내기 유학자들이 읽어야 할 필수적인 책으로 자리매김하며 조선 학문의 기본이 되었다. 더불어 훈민정음도 널리 사용되었던 것이다.

7

누구나 흥겹게 읽어라,
『번역소학』

　　『번역소학』은 1518년 중종(1488~1544)의 명으로 찬집청에서 간행한 책이다.『소학집성』을 원본으로 언해했으며, 김전·최숙생 등이 참여하여 10권으로 간행했다.『번역소학』의 가장 큰 특징은 다른 언해본과 달리 본문을 의역했다는 점이다. 아마도 서민, 여성, 아동을 위한 교화서로 만들었기 때문으로 보인다. 아쉽게도 현재 원간본『번역소학』은 전해지지 않으나 중간본이 국립중앙도서관에 보관되어 있다.

　　다음 글은『번역소학』과 관련한『중종실록』의 내용과 여러 문헌을 토대로 그 제작 이유와 보급 여부를 이야기로 재현한 것이다.

1506년 사대부들은 연산군을 몰아내기 위해 '중종반정'을 일으켰다. 사대부들은 연산군의 이복동생인 진성대군을 새 임금으로 추대했는데, 그가 바로 중종이었다. 왕위에 오른 중종은 선대 왕을 본받아 나라의 기강을 바로잡고자 했다. 그리고 조선의 정치 이념인 유교를 깊이 뿌리내리도록 하기 위해 여러 기관을 정비하고, 과거 세종이 만들었던 집현전의 정신을 이어받아 홍문관을 설치했다.

1517년 6월 27일, 홍문관에서 중종에게 청을 올렸다.

"전하, 백성을 바르게 교육시키기 위한 교화서가 필요하옵니다. 요사이 백성의 삶을 살펴보면 법도가 흔들려 예가 무너지고 있사옵니다. 선대 임금께서도 백성을 가르치고자 여러 교화서를 발행하였사옵니다. 하여 기본 도리를 가르치는 교화서 『소학』을 발행하여 주옵소서."

홍문관은 궁중의 책과 문서를 관리 감독하는 곳이었다. 이외에도 홍문관은 왕에게 학문을 강의하는 경연에서 유학과 정치에 대한 왕의 물음에 답을 하는 역할도 담당하고 있었다. 이런 홍문관에서 중종에게 『소학』의 간행을 청한 것은 유학을 장려하고 바른 풍속을 가르치기 위함이었다. 그렇다면 왜 교화서로 『소학』을 간행하고자 한 것일까?

『소학』은 여덟 살 안팎의 아이들이 공부하는 교과서이자 필수 과목이었다. 중국 주자의 가르침을 바탕으로 편찬한 아동용 수신서로, 행동과 마음을 수양하도록 돕는 책이었다. 그래서 『소학』은 일상생활의 예의범절, 수양을 위한 격언, 효자·충신의 업적이 주로 담겨 있었다.

『소학』은 아이들과 여인들을 가르치기에 가장 적합한 책이었던 것이다. 중종 또한 이런 교화서의 필요성을 잘 알고 있었다.

"그대들의 말이 옳소. 그러나 『소학』은 이미 향교와 서당을 비롯한 여러 교육기관에서 가르치지 않는가?"

"예, 그렇사옵니다. 허나 글을 모르는 아녀자들과 아이들이 한문본 『소학』을 읽고 배우기란 어렵습니다. 바라옵건대 백성을 교화할 수 있는 열녀전 등을 언해하여 간행하도록 허락하여 주옵소서."

"음, 경의 말이 옳다. 교훈이 되는 내용을 담아 아녀자들과 아이들에 이르기까지 『소학』을 강습하게 된다면, 이 땅의 모든 백성을 교화할 수 있을 것이다. 경들은 『소학』을 언해하여 누구나 읽을 수 있는 교화서를 만들라. 또한 해당 관청으로 하여금 이를 시행토록 하라."

이로 인해 부녀자들과 아이들에게 읽히기 위한 『소학』의 언해가 시행되었다.

먼저, 중종은 『소학』 관련 자료를 모아 책을 만들 수 있도록 임시 관청인 찬집청을 설치했다. 찬집청이 중심이 되어 김전, 최숙생, 김안로, 윤탁, 조광조, 김정국, 김희수, 공서린, 정순명, 김영, 소세양, 정사룡, 채소권, 유인숙, 남곤 등이 참여했다. 이들은 중국 명나라의 『소학집성』을 원본으로 하여 번역에 임했다. 『소학집성』은 중국 명나라에서 들어온 『소학』 주석서로, 『소학』의 내용을 풀어놓은 책이었다. 신하들은 이를 바탕으로 언해의 방향을 조정했다.

"전하, 선왕께서 발행하신 그간의 불경 언해본은 모두 직역으로 행해졌사옵니다. 그러니 『소학』의 언해 또한 이 전통을 따라야 할 줄 아옵니다.”

“아니옵니다, 전하. 언해의 목적은 한문을 모르는 백성이 쉽게 읽는 데 있사오니 우리말을 중심에 둔 풀이로 언해해야 하옵니다.”

“예, 전하. 소신의 뜻도 그와 같사옵니다. 의역으로 내용을 풀이해야 하옵니다.”

한마디로 신하들의 의견은 직역을 할 것인가 의역을 할 것인가로 갈렸다. 직역은 구결문과 언해문이 일대일 대응을 이루는 형태였다. 15세기까지만 해도 대부분의 불경 언해본은 직역의 형태로 이루어졌다. 반면, 일부 신료들이 말한 ‘의역’은 원문의 단어나 문장에 얽매이지 않고 전체의 뜻이 통하는 범위에서 주에 달린 내용도 본문으로 끌어와 내용에 삽입하는 것이었다. 이 방법은 본문의 어려운 부분을 최대한 쉽게 풀어 적는 것으로 다양한 우리말 표현이 사용될 수 있었다.

“경들은 들으라. 『소학』의 언해는 백성이 막힘없이 글을 읽고 유교적 가르침을 배우도록 하는 데 있다. 이것이 책을 언해하려는 목적이니 이에 맞게 하도록 하라.”

이렇게 해서 『소학』은 ‘의역’으로 언해하기로 결정되었다. 구성은 총 10권 10책으로, 내편 5권, 외편 5권이었다. 내편은 교육의 과정과 목표를 밝힌 「입교」, 인간관계의 질서를 설명한 「명륜」, 학문하는 사람의 몸가짐과 예절을 다룬 「경신」, 본받을 만한 옛 성현의 기록을 묶은 「계고」로 만들었다. 그리고 외편은 옛 교훈을 인용하여 기록한 「가언」과 선인들의 올바른 행실을 정리한 「선행」으로 만들었다.

그리고 학자들은 백성이 쉽게 유교의 도덕을 이해할 수 있도록 우리말로 어휘를 기록하고자 했다. 즉, 언해문에 몇몇 단어를 제외하고 대부분 우리말로 표기하여 훈민정음을 알렸던 것이다. 특히, 한자어보다 평소 쓰는 말과 고유어가 많이 쓰였는데, 이는 아래의 예문과 같다.

臨림事ᄉ애 以이明명敏민果과 斷단으로 辨변是시非비니라.
이레 다ᄃᆞ라셔 ᄲᆞᆯ기 ᄒᆞ며 ᄲᆞᆯ리 ᄒᆞ며 쎅쎅이 결단호ᄆᆞ로ᄡᅥ 올ᄒᆞ며
외요 믈ᄀᆞᆯ히 욜디니라
일을 함에 있어 빠르게 하며 거침없이 결단함으로써 옳고 그름을 가릴 것이다.
– 『번역소학』 권6 일부

위의 글처럼 다양한 어미, 조사 등을 사용하여 백성이 가르침을 쉽게 이해하고 익힐 수 있도록 우리말로 기록하고자 한 것이다. 이러한 노력은 『번역소학』 발문에서 다시금 확인할 수 있다.

임금께서 즐기시는 바, 차례에 따라서 흥겹게 읽어 나갈 데가 있었다. 염려되는 것은 사람들이 한문을 거의 모르기에 익히고 배움에 오히려 어려움이 있다는 것이다. 만일 소학을 우리말로써 번역하여 간행해 널리 펴면 비록 아이들이나 부녀들이라도 이를 읽고 쉽게 알 수 있을 것이다. 이는 백성을 편안하게 할 수 있는 방도이니 이보다 급한 것이 없다.
– 『번역소학』 발문

언해에 참여한 남곤은 발문에서 『번역소학』의 발행 목적이 아이들과 부녀들도 쉽게 읽을 수 있는 언해본을 만드는 것이었음을 밝히고 있다. 그러하였기에 우리말 표기에 중점을 둔 '의역'의 방법을 사용했던 것이다. 이렇게 완성된 『번역소학』은 중종에게 큰 기쁨이었다.

"허허, 그간의 언해본에서 보지 못한 풀이로다. 읽는 이로 하여금 쉽게 읽고 편히 깨우치게 하니 참으로 대담하고 훌륭한 언해로다."

중종은 『번역소학』을 벼슬아치들과 종친들에게 나눠주도록 했고, 1517년 7월 2일에 『번역소학』을 1,300부가량 발행하도록 했다. 이렇게 하여 『번역소학』은 아이들과 아녀자들을 위한 교화서로 활용되었다.

이후 선조 때에 이르러 『번역소학』은 『소학』의 본문을 의역했다는 이유로 학자들에게 비판을 받았다. 그러나 직역이 아닌 의역을 택했기에 『번역소학』은 직역한 문헌에서 찾아볼 수 없는 다양한 우리말 표현과 고유어가 기록될 수 있었다. 이에 『번역소학』은 훈민정음을 연구하는 귀중한 자료로 오늘날 그 가치를 인정받을 수 있었던 것이다.

8

우리는 고려에서 왔소,
『번역노걸대』

『번역노걸대』는 1517년 역관 최세진(1468~1542)이 만든 중국어 교재다. 당시 역관들은 중국어 교재인 『노걸대』로 공부했는데, 이 책은 중국어로만 되어 있어 언어를 익히는 데 어려움을 겪었다. 이를 극복하고자 최세진은 한글로 『번역노걸대』를 만들었다. 이 책은 주로 고려 상인들이 북경에서 장사하는 일화들을 대화체로 실감나게 풀어냈다. 원본은 전해지지 않으나, 16세기에 만들어진 중간본 『번역노걸대』의 상권은 백순재 씨가, 하권은 성암문고에서 소장하고 있다.

이 이야기는 『사상통해』의 서문과 내용에서 최세진이 『노걸대』를 번역했다는 기록을 바탕으로, 최세진의 『노걸대』 언해 과정을 이야기 형식으로 재미있게 재구성했다.

조선시대에는 중국과의 외교가 중요했기 때문에 이들과 소통하기 위해 중국어를 익혀야만 했다. 그래서 조선은 외국어의 통역이나 번역을 담당하는 관청인 사역원을 설치하여 역관을 양성했다. 역관들은 중국 사신이 우리나라를 찾거나 조선 사신이 중국으로 갈 때 대화를 통역하는 사람이었다.

중종 대의 역관 최세진은 중국어 실력이 가장 뛰어났기 때문에 사역원의 한학교수로 임명되어 다른 역관들을 가르쳤다. 최세진이 『노걸대』의 중국어를 읽고, 역관들이 다음 문장을 따라 읽었다.

"大哥, 你從那裏來?" "형님, 어디서 오셨소?"
"我從高麗王京來." "우리는 고려의 수도에서 왔소."

역관들이 공부하는 『노걸대』는 중국어 회화 교재였는데, 줄거리는 다음과 같았다.

1280년에 세 명의 고려 상인이 말, 인삼, 베를 팔러 중국으로 가는 도중에 우연히 중국인 상인 '왕 씨'를 만난다. 상인들은 서로 중국어로 이야기를 나누면서 금세 친해진다. 가는 동안 많은 일이 있었지만 상인들은 무사히 목적지에 도착하여 물건을 판다. 아쉽게도 그들은 서로 가야 할 길이 다르다는 것을 알고, 언젠가 다시 만날 것을 약속하며 헤어진다.

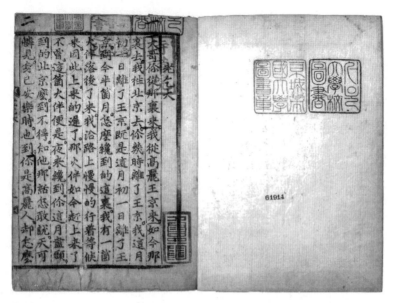

『노걸대』(연도 및 저자 미상,,규장각 소장)

　『노걸대』에는 이들 고려 상인과 중국인의 대화가 한 편의 이야기처럼 실려 있었기 때문에 역관들은 『노걸대』를 보며 쉽게 중국어를 공부할 수 있었다.

　최세진이 계속해서 『노걸대』의 문장을 읽으려고 하자, 이번에는 역관들이 아우성이었다.

　"아휴, 천천히 읽어 주십시오. 선생님께서는 중국어에 능통하시니 막힘없이 읽으시지만, 저희는 아직 미숙하여 쉬이 읽기 어렵습니다."

　"흠, 책을 따라 읽기가 어렵단 말이냐?"

　"그렇습니다. 저희는 이제 막 중국어를 배우기 시작한 처지인데 어떻게 술술 읽을 수 있겠습니까."

최세진은 역관들의 불평을 듣고 잠시 생각했다. 그 당시 『노걸대』는 『박통사』와 더불어 중국어 학습 교재로 널리 알려져 있었다. 중국어를 공부하는 사람들은 먼저 초급 교재인 『노걸대』를 익힌 후, 어려운 교재인 『박통사』로 넘어가곤 했다. 그러나 역관들의 말대로 『노걸대』는 중국어 공부를 막 시작하는 사람에게는 지나치게 어려웠다. 『노걸대』는 오로지 중국어로만 되어 있었기 때문이다.

'외국어를 잘하려면 평소에 꾸준히 공부해야 한다. 헌데 『노걸대』가 중국어로만 되어 있으니 역관들이 스스로 공부하기 어렵겠구나. 아무래도 한글로 번역하는 게 좋겠다.'

고민 끝에 이렇게 결심한 최세진은 『노걸대』 언해를 시작했다. 최세진은 먼저 『노걸대』 속 중국어의 올바른 소리와 실제 소리를 번갈아 적고, 한 문장이 끝날 때마다 우리말 해석을 덧붙였다. 예를 들어 다음과 같은 방식이었다.

大哥 你從那裏來(중국어 표기)

다거 니쭝나리레?(실제 소리)

대가 니종나리래?(올바른 소리)

형님은 어디서 오셨소?(우리말 해석)

최세진이 언해하는 과정에서 무엇보다 신경을 쓴 것은 생생한 현장의 언어였다. 최세진은 실용적인 것이 중요하다고 생각하여 그간 중국에 여러 차례 다녀온 풍부한 경험을 바탕으로 중국에서 실제로로 쓰는 표현들을 최대한 반영하고자 노력했다.

　"주인장, 우리는 내일 새벽 3시에 출발할 터이니 방 값과 음
식 값을 계산합시다. 모두 얼마입니까?"
　"밀가루가 2냥 2돈 반이고, 돼지고기를 한 근 사온 것이 1냥
반이며, 네 명의 일 인당 식대와 숙박료가 한 냥이니 합쳐서 4냥
입니다. 검은 콩이 15냥이고 말 먹이는 11냥이니까 모두 합쳐
33냥 7돈 반이 되겠습니다."
　"말꼴과 곡식, 밀가루는 모두 당신네 것을 샀는데 조금 깎아
주실 수 있습니까?"
　"그럽시다. 서른 냥만 받겠습니다."
　"그러면 동행분들, 당신들 세 사람이 함께 다 내시게. 액수를
적어두었다가 대도에 도착하면 같이 계산하기로 하지."

－『번역노걸대』 일부

　이처럼 『노걸대』는 음식 값을 치르는 법, 숙박하는 법, 물건을
사고파는 법, 매매 계약서를 쓰는 법 등을 가정하여 상황에 맞게 대
화를 주고받는 형태로 구성되어 있었다. 따라서 역관들은 이 책을
보는 것만으로도 중국어를 배우는 동시에 귀중한 여행 정보들도 얻
을 수 있었다. 그뿐만 아니라 역관들이 돌발 상황에서도 잘 대처할
수 있도록 뜻밖의 사고, 장사의 문제와 그 대처법 등의 다양한 상황
을 가정하여 교역에 실수가 없도록 했다.
　나아가 『노걸대』에는 '인생을 즐겨라', '성실하면 성공하고 속이

면 실패한다'는 등의 중요한 인생철학도 담겨 있었다.

최세진은 『노걸대』의 마지막 문장까지 한글로 언해한 후 만족스런 표정을 지었다.

"휴, 이제 이 책으로 중국어를 공부하는 사람들의 부담을 덜 수 있겠구나!"

1517년 최세진은 마침내 한글로 언해한 『노걸대』를 완성했다. 사역원의 역관들은 최세진의 『노걸대』를 읽으며 스스로 중국어를 익힐 수 있게 되었을 뿐만 아니라, 중국어를 배우고 싶은 일반 백성도 이 책을 보며 독학할 수 있게 되었다.

오늘날의 학자들은 다양한 종류의 『노걸대』와 구별하기 쉽도록 이 책에는 『번역노걸대』라는 이름을 붙였다. 최초로 『노걸대』를 한글로 언해한 『번역노걸대』가 만들어진 덕분에 이후로도 시대에 따라 변화하는 중국어의 최신 경향을 반영하여 새로운 『노걸대』 수정본들이 나올 수 있었다. 이 책 덕분에 사역원의 역관들은 뛰어난 중국어 실력을 유지하며 다양한 외교 활동에서 혁혁한 공을 세울 수 있었다.

9

어린이 한자 학습서,
『훈몽자회』

　　『훈몽자회』는 1527년에 역관 최세진이 만든 어린이 학자 학습서다. 최세진은 기존의 한자 학습서인 『천자문』과 『유합』에는 잘 쓰이지 않는 한자가 많다고 생각하여 이 책을 만들었다. 『훈몽자회』에는 한글을 읽는 법인 '언문자모'가 들어 있는데, 이는 당시의 한글 체계와 용법을 설명한 것이다. 현재 일본 교토의 에이산문고에 소장되어 있으며, 그 외의 많은 중간본이 국내외에서 전해지고 있다.

　　이 이야기는 『훈몽자회』의 서문과 내용에 근거하여 최세진의 『훈몽자회』 집필 과정을 재미있는 일화로 구현한 것이다.

"하늘 천, 땅 지, 검을 현, 누를 황!"

서당에서 아이들의 목소리가 우렁차게 울려 퍼졌다.

평소 아동교육에도 관심을 가졌던 역관 최세진은 가던 발걸음을 멈추고 그늘에 앉아 잠시 서당을 구경했다. 그런데 몇몇 아이들이 『천자문』을 읽지 않고 멀뚱멀뚱 바라보기만 하는 것이었다. 때마침 쉬는 시간이 되어 아이들이 마당으로 몰려나오자, 최세진은 그들 중 글을 읽지 못한 아이들에게 다가가 물었다.

"얘들아, 왜 너희들은 다른 아이들처럼 천자문을 따라 읽지 않았느냐?"

"으으, 우리한테 『천자문』은 너무 어려운 걸요."

"맞아요! 글귀마다 뭔가 심오한 뜻을 담고 있는 것 같은데 솔직히 무슨 내용인지 영 갈피를 못 잡겠어요."

아이들은 평소 『천자문』에 불만이 있었는지 저마다 볼멘 목소리로 한마디씩 했다. 그 당시 서당에서는 『천자문』과 『유합』이라는 책으로 아이들을 가르쳤다. 『천자문』은 천 개의 한자를 모아놓은 한자 교재였고, 『유합』은 의미에 따라 한자를 분류하여 천자문과 함께 가르치던 한자 교재였다.

"그래도 천자문을 공부하면 세상의 이치를 깨우칠 수 있잖니?"

"그렇지만 저희는 한자를 외우는 것만으로도 벅찬 걸요."

아이들은 이구동성으로 『천자문』이 어렵다며 아우성이었다. 실제로 조선시대의 많은 학자들이 저마다 어린이 학습서를 만들기도 했는데, 『천자문』이 아이들에게 별 도움을 주지 못한다고 생각했기 때문이다. 대표적으로 정약용의 『아학편』, 안정복의 『하학지남』 등이 있었다. 아이들의 말을 듣고 나니 최세진은 『천자문』의 문제점을 깨달을 수 있었다.

'그렇구나. 어린아이들은 한자를 익히는 것만으로도 쩔쩔매는데, 하물며 『천자문』의 깊은 뜻까지 이해하라는 것은 힘들겠어. 반면에 『유합』은 한자들이 잘 분류되어 있지만 실생활에 쓰이지 않는 한자들이 많아 별로 도움이 되지 않고.'

아이들의 불평을 들은 최세진은 새로운 어린이 학습서가 필요하다고 느꼈다.

'어떻게 하면 아이들에게 도움이 되는 책을 만들 수 있을까? 한자만 공부하는 것이 아니라 이왕이면 삶에 도움을 주는 책이 좋겠는데.'

아이가 가장 처음으로 접하는 책인 만큼 어려운 한자를 배우기보다 쓸모 있는 한자를 배우는 것이 낫다는 게 그의 생각이었다. 생각을 마친 최세진은 평소 자주 쓰이는 한자들을 모으기 시작했다.

그리하여 천문, 지리, 나무, 과일, 동식물, 곤충, 관아, 복식, 질병, 음악, 음식 등 33가지 분야로 나누고, 그에 해당하는 3,360자의 한자들을 모았다. 그리고 『천자문』처럼 한자를 읽을 수 있도록 한글로 소리와 뜻을 적었다. 이렇게 최세진은 아이들이 한자를 익히면서 동시에 세상을 살아가는 데 꼭 필요한 것을 배울 수 있도록 책을 엮었다.

최세진은 완성된 책을 보며 만족해하다가 무언가를 빠뜨렸다는 것을 깨달았다.

'아차! 이 책을 공부하려면 한글을 읽는 법도 알아야 하지 않

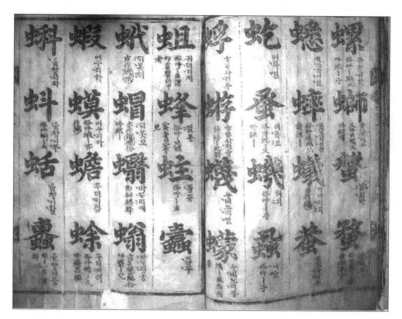

『훈몽자회』(최세진 지음, 1527, 규장각 소장)

을까?'

　이 책을 읽기 위해서는 반드시 한글을 읽을 줄 알아야 하는데, 당시에는 아직 한글이 널리 퍼지지 않아 여전히 한글을 읽을 줄 모르는 사람들이 많았다. 그는 책의 앞부분에 한글 사용법을 자세히 설명하는 것이 좋겠다고 생각했다. 이것을 보며 한글을 스스로 익힌 후 이 책을 읽으라는 최세진의 배려였다.

　ㄱ 其役(기역), ㄴ 尼隱(니은), ㄷ 池○末(디귿), ㄹ 梨乙(리을) ……

최세진은 이와 같은 방법으로 각 한글 자음·모음마다 이름을 적으며, 한글의 사용법을 알려주는 '언문자모'를 완성했다. 언문자모를 보고 익힐 수만 있다면, 책 속의 어려운 한자도 혼자서 배울 수 있었다.

"한글은 한자와는 달리 사용법만 알면 바로 쓸 수 있는 문자야. 고작 스물일곱 자로 세상의 모든 문자를 표현할 수 있다니. 한글이 새삼 대단하게 느껴지는구먼."

1527년 마침내 최세진은 『훈몽자회』를 완성했다. '어린아이를 가르치는 글자 모음집'이라는 뜻을 지닌 이 책은 그 이름대로 어린아이들을 가르치는 훌륭한 교재가 되었다.

『훈몽자회』는 훈민정음이 반포된 지 채 100년도 되지 않은 시기에 지어진 책이다. 이 책은 비록 어린이 한자 입문서로 만들어졌으나, 최세진은 한글을 모르는 사람들을 위해 한글 읽는 법을 자세히 기록했다. 오늘날의 학자들은 『훈몽자회』의 보급이 민간에 한글을 널리 알리는 데 중요한 역할을 했을 것이라며 높이 평가하고 있다.

한 장의 표로 쉽게 배우는 한글,
언문반절표

언문반절표는 한글의 자음과 모음을 합친 글자를 모아놓은 일종의 한글 익힘표다. 언문반절표는 언제, 누가 만들었는지 알기 힘드나 일반적으로 한글 창제 이후 만들어져 16세기 후반에 보급되었다. 이 표는 조선시대에 서당이나 가정에서 한글을 배울 때 널리 쓰였다. 지금까지 전해 내려오는 언문반절표는 그 종류가 다양한데, 이를 통해 한글을 쉽게 가르치고 배우려 했던 선조들의 지혜를 살필 수 있다.

1869년 간행된 『일용작법』은 사찰에서 이루어지는 기본적인 의식을 소개하는 책으로, 앞 장에 언문반절표가 수록되어 있다. 이 책을 통해 당대 스님들이 한글을 배웠음을 유추할 수 있다. 이 이야기는 주지스님과 동자승이라는 가상의 캐릭터를 등장시켜 한글 학습 과정을 사실감 있게 그려냈다.

"가방, 나비, 다람쥐, 라디오……."

우리는 한글을 배우기 시작한 아이의 방에 한글 익힘표를 붙여주곤 한다. 그런데 이 한글 익힘표는 그 나름의 고유한 역사를 지니고 있다. 옛날 조선시대엔 한글을 '언문'이라고 했고, 한글 익힘표도 '언문반절표'라 불렀다. 선조들은 어떻게 하면 언문을 쉽게 익힐 수 있을지 늘 고민했는데, 그 결과 언문반절표를 만들었던 것이다.

1443년, 마침내 우리글인 '훈민정음'이 창제되었다. 그러나 '한글'이 만들어졌다고 해서 모든 백성이 이를 사용할 수 있었던 것은 아니다.

그러다가 1527년에 역관으로 활동했던 최세진이 『훈몽자회』를 간행했다. 『훈몽자회』는 『천자문』과 『유합』에서 생활에 자주 쓰이는 한자들을 추려내 한글로 쉽게 풀이한 책이다. 그런데 이 책을 공부하기 위해서는 먼저 '한글'을 공부해야 했다. 그 때문에 책의 앞부분에는 한글을 익힐 수 있는 '언문자모'라는 방법을 적어놓았다.

"天을 우리말로 읽으면 천이구나. '처'에다 'ㄴ'을 더하니 '천'이 되는구나!"

이처럼 '언문자모' 공부법은 자음을 먼저 익힌 다음 자음에 모음과 받침을 더해가며 한글을 익히는 것이었다. 하지만 아직도 백성은 한글을 쉽게 익히진 못했다.

시간이 흘러 고종 임금이 나라를 다스릴 때였다. 어느 깊숙한 산속에 커다란 사찰 하나가 있었다. 아침 예불을 마친 스님들이 하나둘 법당을 나서기 시작했다. 얼마 후 법당 안에는 주지스님을 중심으로 신참 승려들만 동그랗게 자리를 펴고 앉아 있었다. 스님들 사이에는 앳된 동자승도 보였다. 수선스럽던 법당이 조용해지자 주지스님은『진언집』을 펴고 강론을 시작했다.

"자, 오늘은 어제 미처 끝내지 못한 '언문' 공부를 이어서 하겠다. 내가 한번 진언을 읽을 터이니, 앞에서부터 순서대로 따라 읽도록 하라."

『진언집』은 여러 종류의 진언(眞言: 다라니)을 모아놓은 책인데, 앞부분에 한글을 익히는 부분이 있었다. 스님들은 주로 한글을 익히기 위해 이 책을 사용했다. 이윽고 주지스님의 근엄한 목소리가 법당 안에 울려 퍼졌다.

"못다바땀 살바다타 아다 삼만다 아바라 미숫제 보리다 진다만이 모나야 아비라 이다다라니."

"못다……바……바……땀. 사, 살, 바다타."

앞줄에 앉은 신참 승려가 더듬거리며 주지스님의 말을 따라 읽었다. 그러나 한글을 완벽히 익히지 못한 터라 책의 앞장과 뒷장을 왔다 갔다 펼치며 읽을 수밖에 없었다. 이렇다 보니 원하는 글자를 찾는 데 시간이 너무 많이 걸렸다.

"아직도 언문을 떼지 못하다니, 한심한지고. 누가 이 뒤를 이어 진언을 읽어보겠느냐?"

주지스님의 말에 승려들은 꿀 먹은 벙어리처럼 입을 다물고 말았다.

"허허, 정녕 언문을 유창하게 읽을 수 있는 자가 없단 말인가? 이를 어찌하면 좋을꼬. 앞으로 어떻게 언문으로 된 진언을 가르칠

지 앞길이 캄캄하구나."

주지스님은 크게 한숨을 쉬었다. 그때 동자승 하나가 눈을 반짝이며 말했다.

"큰스님! 책의 앞장, 뒷장을 들춰볼 필요 없이 종이 한 장에 언문을 모두 적어보면 어떨까요? 그러면 보기도 편하고 익히기도 좋을 텐데요."

동자승의 말에 주지스님이 무릎을 탁 치며 말했다.

"옳거니! 언문을 한데 모아서 외우게 하면 되겠구나!"

그길로 스님들은 한글의 기본적인 글자들을 순서대로 조합하여 종이 한 장에 전부 쓰기 시작했다. 마침내 1869년 '언본'이라 불리는 '언문반절표'가 완성되었다. 이 표는 『일용작법』이라는 책의 앞부분에 실려 있었다.

"가갸거겨고교구규그기, 나냐너녀노뇨누뉴느니."

이제 스님들은 한 음절씩 나눠 한글을 외우게 되었다. 이것을 완전히 뗀 다음에 비로소 한글 받침을 배울 수 있었다. 이처럼 한 장의 표로 만들어 익히자, 한글을 배우는 것이 무척 쉬워졌다.

이후에는 많은 사람들이 이 '언문반절표'를 기본으로 삼아 한글을 익혔다. 『일용작법』과 함께 '언문반절표'는 목판본으로 만들어져 전국 방방곡곡으로 퍼져 나갔고, 백성은 쉽게 한글을 익힐 수 있었다. 이후 오랫동안 '언문반절표'는 한글 익힘표가 되었다.

1945년 8월 15일 광복 이후 새로운 교육과정이 생겨나자 언문반절표는 조금씩 자취를 감추었다. 국어 교과서가 만들어져 언문반절표로 한글을 공부할 필요가 없어졌기 때문이다. 그러나 오늘날에

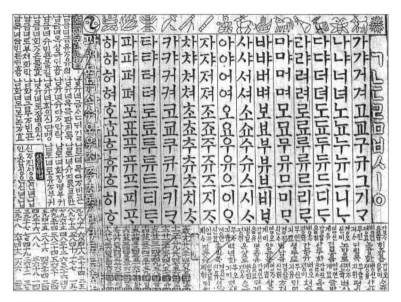

언문반절표(연도 미상)

도 언문반절표는 한글을 처음 접하는 어린이 혹은 외국인에게 한글을 익히는 편리한 도구가 되고 있다.

2

한글의 시대가 되다

어린 시절 정조의 한글 편지

조선의 국모였던 명성황후의 한글 편지

조선의 사대부 여성이 임금에게 올린 한글 탄원서

조선의 무예를 살려라, 『무예제보』

전염병을 물리쳐라, 『간이벽온방』

말이 곧 국력이다, 『마경초집언해』

금슬 좋은 부부가 만든 가정백과사전, 『규합총서』

제사상 차리는 법을 익히는 놀이, 습례국

만든 이의 기원을 담은 한글 버선본

누구나 쉽게 배우는 거문고 악보집, 『금합자보』

최초의 가집, 『청구영언』

한글 소설의 꽃, 『완월회맹연』

조선 중기와 후기는 바야흐로 한글의 시대였다. 사람들은 귓가에 들리는 바람 소리, 이른 아침 닭 울음소리 등 귀에 들리는 모든 소리를 글자로 표기할 수 있게 되면서 한글의 편리함을 깨닫기 시작했다. 그래서인지 한문보다 한글을 먼저 익혀 사용하는 사람들도 많아졌다.

변화는 사람들이 주고받던 편지인 언간(간찰)에서도 일어났다. 그동안 표기의 어려움으로 한문 편지에서 표현할 수 없었던 생각과 감정을 한글을 사용하여 다양하게 쓸 수 있게 되자 언간의 수가 늘어났다. 왕족·궁녀·양반·여성·어린아이·노비까지 모든 계층이 한글 편지를 읽고 썼다. 비록 한자를 중시하는 문화가 계속되기는 했지만, 사람들 사이에서 한글은 자발적으로 퍼졌다.

또한 일부 사람들은 한글로 쓴 악보로 음악을 배우고, 문자로 기록되지 않았던 노래와 시를 모아 정리하고 이를 한글로 옮겨 적은 서책을 만들었다. 어떤 사람들은 남몰래 숨겨왔던 생각을 담아 사회를 풍자하고 세상의 변화를 꿈꾸는 한글 소설도 썼고, 전문적 지식을 가진 사람들은 실제 생활에서 사용할 수 있는 정보를 기록한 실용서도 한글로 썼다. 이외에도 적으로부터 목숨을 지키는 방법인 무예와 무기 등을 기록한 책, 질병을 퇴치하기 위한 의학 관련 책, 의식주와 관련된 생활 정보와 지혜를 담은 책도 한글로 써서 간행했다. 게다가 한글로 표기한 놀이판과 생활 도구도 등장했다. 한글로 인해 예술과 문학이 발전하면서 조선의 문화는 더욱 깊고 넓어졌다.

제2부에 실린 12점의 유물은 바로 이러한 변화를 대표하는 유물이다. '정조의 한글 편지', '명성황후의 한글 편지', '김씨 부인의 한글 상언', 『무예제보』, 『간이벽온방』, 『마경초집언해』, 『규합총서』, '습례국', '한글 버선본', 『금합자보』, 『청구영언』, 『완월회맹연』으로, 조금은 생소한 이름의 유물이지만, 한글로 기록된 각 유물이 어떻게 만들어지고 사용되었는지에 관한 이야기가 담겨 있다.

어린 시절 정조의
한글 편지

정조의 한글 편지란 정조(1752~1800)가 5~6세였던 원손 시절부터 임금에 오른 이후까지 큰외숙모인 여흥 민씨에게 보낸 편지를 말한다. 이 편지는 개인 소장이었던 『정조국문어필첩』에 들어 있는 것으로, 2014년 3월 경매에 나오면서 세상에 알려졌다. 정조가 어린 시절에 쓴 한글 편지는 많지 않으나, 7세 이전의 어린 나이에 쓴 한글 편지라는 점에서 사료적 가치가 크다. 현재는 국립한글박물관에서 소장하고 있다.

이 이야기는 『정조실록』과 정조의 어린 시절 편지 내용을 토대로 재미있게 장면화한 것이다.

"으애앵, 으애애앵!"

1752년 음력 9월 22일 새벽, 창경궁에 있는 경춘전에서 사내아이의 울음소리가 울려 퍼졌다. 장차 조선의 제22대 왕이 되는 정조가 태어난 것이다. 새까만 눈동자와 우뚝한 콧날, 크고 깊숙한 입은 갓난아이라곤 믿기지 않을 정도로 늠름했다. 할아버지 영조 임금(1694~1776)도 찾아와 보고는 매우 기뻐했다.

"꼭 나를 닮은 듯하구나. 허허허! 귀한 손자를 얻었으니, 이제부터 이 아이를 원손(元孫)으로 정하겠노라."

원손은 임금의 맏손자로, 왕위를 계승할 손자라는 의미였다. 영조임금은 늦은 나이에 어린 정조를 얻은 까닭에 손자를 몹시 아끼고 귀여워했다.

장차 왕위를 이어가길 바라던 할아버지의 마음을 알기라도 하는지 원손 역시 어려서부터 남달랐다. 백일이 채 안 되어 일어서고, 일 년도 못 되어 아장아장 걸었다. 게다가 말도 배우기 전에 글자를 보면 금방 좋아할 정도였다.

원손이 첫돌을 맞이하게 되자, 궁궐에서는 그동안 아무 탈 없이 잘 자라온 것을 기뻐하며 돌잔치가 벌어졌다. 돌상에는 떡, 과일, 실타래, 활과 화살, 천자문(책) 등을 놓았다. 돌잔치에 모인 사람들은 원손이 어떤 물건을 고를지 유심히 지켜보았다. 그런데 다른 것들은 거들떠보지 않고 그저 다소곳이 앉아 책만 펴들고 있는 것이 아닌가.

"어쩜, 신기하기도 해라! 원손마마는 다른 것은 관심도 두지 않으시고 오로지 책만 살펴보시네."

사람들은 원손이 책에만 관심을 두는 모습에 놀라워하며 장차 훌륭한 왕이 될 것이라고 확신했다. 그런 모습에 영조 임금도 흐뭇해했는데, 이후 영조 임금은 원손이 세 살 되던 1754년 8월에 보양청(輔養廳)을 설치하여 원손의 양육과 교육을 담당하도록 했다.

이때부터 원손은 글공부를 시작했다. 글공부는 한자와 한글을 함께 익혀야 했는데, 한자는 유교 경서를 읽고 공부하기 위해 익혀야 했고, 한글은 일상생활에서 자신의 생각을 진실하고 솔직하게 표현하기 위해 익혀야 하는 글자였다. 특히 한글은 매우 실용적이고 배우기도 쉬워서 남자들도 멀리 떨어져 있는 어머니나 아내, 시집간 딸이나 가까운 친척들과 소식을 묻고 전할 때 주로 사용했다. 어린 나이임에도 원손은 날마다 글자 공부를 게을리하지 않았는데, 5~6세 무렵부터는 벌써 책을 읽기 시작했다.

그러던 어느 날, 책을 읽고 있던 원손이 손으로 자꾸 발을 주무르며 안절부절못하고 있었다. 그때 마침 어머니 혜빈 홍씨가 찾아왔다. 혜빈 홍씨는 훗날의 혜경궁 홍씨이다.

"원손, 왜 자꾸 발을 주무르시오?"

"발이 아파서 그러하옵니다. 발가락을 움직일 수가 없사옵니다, 어마마마."

"어서 원손저하의 발을 살펴보거라."

그 말에 옆에 있던 궁녀가 얼른 다가가 버선을 벗겨보았다. 그랬더니 발이 새빨갛게 부어올라 있었다.

"세상에나! 발이 통통 부어올랐구려, 원손! 얼마나 아팠소이까?"

"며칠 전부터 버선을 신으면 발이 꼭 끼었는데, 그 때문인가 보옵니다.”

혜빈 홍씨는 아들의 발이 빨갛게 부어오른 것을 보고 무척 안쓰러워했다.

“원손, 버선이 맞지 않는데 왜 계속 신고 있었소이까? 몸에 맞지 않으면 더 이상 신을 수 없소이다.”

“어마마마, 이 버선은 아직 새것이옵니다. 얼마 신지도 않았사옵니다. 작다고 안 신는다면 이 버선은 어떻게 하옵니까? 상의원 의녀들이 정성을 다해 만든 버선이지 않사옵니까?”

발등에 수를 놓고 버선코에 색실을 달아 장식한 버선은 원손이 보기에도 매우 아까웠다. 이런 원손의 모습에 어머니 혜빈 홍씨는 밝은 미소를 지으며 이렇게 말했다.

“버선 하나에도 만든 이들의 정성까지 생각하다니, 원손의 마음이 참으로 갸륵하구려! 그러나 물건은 필요한 사람에게 가야 오래 쓸 수 있소이다. 새 주인을 만나면 또 쓸모 있는 물건이 될 것이니, 너무 염려하지 마시오.”

어마마마의 말씀에 원손도 고개를 끄떡였다. 그러더니 이내 좋은 생각이 떠올랐는지 한층 밝은 목소리로 말했다.

“어마마마, 그럼 누구라도 발에 맞는 사람이 이 버선을 신으면 좋을 것 같사옵니다! 외가댁의 사촌동생이 신으면 어떠하옵니까? 수대(외사촌 홍수영의 아명)는 저보다 어리지 않사옵니까?”

“원손, 참으로 영특하구려! 그럼 그 마음을 편지로 써보는 것이 어떻겠소? 그러고는 버선과 함께 외가댁으로 보내시오.”

혜빈 홍씨는 어린 원손이 조그만 물건 하나도 귀하게 여기는 남

다른 말에 무척 흐뭇해했다. 그러고는 옆에 있던 궁녀에게 곧바로 종이와 붓을 준비하도록 했다.

"하온데, 편지는 어떻게 쓰는 것이옵니까, 어마마마?"

"우선 받는 사람에게 문안을 올립니다. 그리고 나서 전할 내용을 쓴 다음, 마지막으로 보내는 사람을 씁니다. 편지는 받는 사람과 다정하게 말하듯이 쓰는 것이랍니다."

설명을 듣고 나자, 원손은 잠시 생각에 잠기는 듯했다.

"그럼 전 누구에게 써야 하옵니까? 수대는 아직 어려서 한글을 익히지 않았을 테고……."

"큰외숙모에게 보내면 수대에게 잘 전달해줄 것이오."

수대는 어마마마인 혜빈 홍씨의 친정오빠인 홍낙인의 아들로, 원손과는 사촌 관계였다. 원손은 편지를 쓴다는 생각에 신이 났는지 그동안 익힌 한글로 큰외숙모인 여흥 민씨(큰외숙부 홍낙인의 아내)에게 편지를 썼다.

몸과 마음이 무사하신지 안부를 여쭙니다.
이 버선은 나한테는 작으니 수대에게 신기소서.
　- 조카

"이렇게 쓰면 되옵니까?"

"호호, 아직 손에 붓이 익숙하지 않구려. 하지만 전하는 내용은 잘 들어 있소이다."

어마마마의 말씀에 원손도 기분이 좋았다. 이를 계기로 원손은 큰외숙모에게 자주 편지를 보냈다.

오래 편지를 못하여 섭섭하더니
엊그제 편지 보고 든든하고 반갑습니다.
　- 원손

큰외숙모도 원손저하이자 어린 조카가 쓴 편지를 받고 무척 기뻤다. 그래서 자주 집안 소식을 전하며 답장을 보냈다.
어느 날엔 원손이 외할아버지(홍봉한)를 뵌 지 오래되어 그리워하던 일이 있었다. 마침 큰외숙모도 외할아버지의 안부를 전하는 편지를 보내왔다. 원손은 무척 기쁜 나머지 곧바로 답장을 썼다.

숙모님께
가을바람에 몸과 마음이 평안하신지 안부를 여쭈오며
뵌 지가 오래되오니 섭섭하고 그리웠는데,
어제 봉서를 보니 든든하고 반가우며
할아버님께서도 평안하시다고 하오니 기쁘옵나이다.
　- 원손

"어마마마, 이 편지 좀 한번 봐주시옵소서."
"이제 제법 편지의 형식을 잘 갖추었소이다. 내용도 점점 많아지고 있구려."
어머니 혜빈 홍씨는 어린 아들이 쓴 편지를 보고 기특하게 여겼

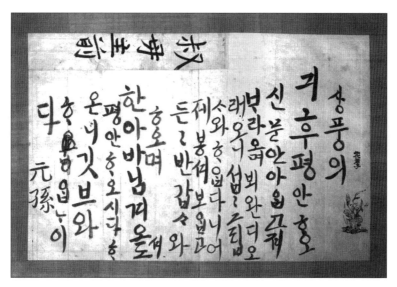

정조가 6세 무렵에 큰외숙모에게 보낸 편지(국립한글박물관 소장)

다. 글씨는 여전히 삐뚤빼뚤했지만, 글씨체나 내용이 점점 나아지고 있었기 때문이다. 또 제법 어른스런 태도로 큰외숙모의 안부를 물었고, 조카(姪)나 원손(元孫) 같이 자신의 존재를 나타내는 단어로 편지를 마무리하는 등 점점 조숙한 모습도 보였다. 원손은 1759년 8세에 세손으로 책봉되었는데, 그때부터는 '세손(世孫)'이라 적었다. 그 후 정조는 1776년 왕위에 올랐고, 1798년 46세가 될 무렵까지도 큰외숙모인 여흥 민씨에게 계속 편지를 보내며 안부를 묻곤 했다.

이처럼 궁중에서도 한글 편지는 진솔한 감정을 드러내는 편리한 수단이었다. 특히 정조는 학문하는 군주로서 이례적으로 많은 편지를 남겼는데, 이 중에는 친인척들에게 보낸 한글 편지도 많았다. 그 가운데 어린 시절 큰외숙모인 여흥 민씨에게 보낸 편지에는 어리지만 다정하고 어른스러웠던 정조의 모습을 엿볼 수 있다.

2

조선의 국모였던 명성황후의
한글 편지

명성황후(1851~1895)는 1882년 임오군란이 일어난 이후부터 1895년 시해당하기 전까지로 추정되는 시기에 친정인 민씨 집안 사람들에게 많은 편지를 보냈다. 받는 사람은 대부분 명성황후의 조카인 민영소였다. 명성황후의 한글 편지는 182통이 전해지며, 이 중 122통은 현재 국립고궁박물관에서 소장하고 있다.

명성황후의 친필 편지는 원형 그대로 보존되어 있으며, 일부 편지들은 봉투와 함께 전해지고 있다. 편지지는 시전지(詩箋紙, 시나 편지 따위를 쓰는 종이)라 하는데, 화전지(花箋紙)라 불릴 정도로 다양한 문양과 아름다운 색상의 편지지와 봉투가 쓰였다.

명성황후의 한글 편지는 안타깝게도 편지를 쓴 시기를 자세히 알 수 없다. 그래서 이 이야기는 당시의 역사적 배경과 편지 내용을 토대로 사실적으로 풀어 쓴 것이다.

서구 열강들이 조선의 국권을 빼앗으려 하던 19세기 말, 조선의 운명은 급변하는 국제 정세 속에서 위태로울 뿐이었다. 1882년 임오군란으로 청나라의 영향력이 더욱 강화되자, 고종은 국내외의 혼란스런 상황 속에서 위태롭게 국정을 운영해가야 했다. 이때 고종이 국정을 의논할 수 있었던 상대는 바로 명성황후였다.

"이제 임금께서 직접 정사를 돌보셔야 할 때입니다. 아버님인 홍선대원군의 지배에서 벗어나 국정 운영을 주도해 가시옵소서. 또한 나라가 부강하고 백성이 편안히 살기 위해서는 주변국들의 움직임도 예의주시해야 하옵니다."

어려서부터 무척 총명했던 명성황후는 망국으로 치닫는 나라의 앞날을 걱정하며 남편인 고종을 도와 외세의 침략에 맞서 싸울 수 있는 국가를 만들려고 노력했다. 그녀는 시대의 흐름을 자세히 읽고 국내외의 정황을 제대로 파악해야 불안한 고종의 지지기반을 다질 수 있고 나라의 안녕을 도모할 수 있다고 생각했던 것이다. 특히 기울어가는 국운을 살리기 위해서는 정치적 기반을 다져야 했는데, 이를 위해 친정인 민씨 세력들을 끌어들이게 되었다. 그리하여 명성황후는 궁궐에 거주하면서도 그들과 은밀하게 소통하고, 바깥 소식을 듣기 위해 한글로 쓴 편지를 중요한 소통수단으로 활용했다. 또 받는 사람에게 직접 전달하게 하여 보내는 사람, 받는 사람, 날짜 등을 적지 않았다.

그중에서도 친정 조카였던 민영소에게 제일 많은 편지를 보내 국정 운영이나 신하의 인사 문제, 왕실의 재정 문제 같은 갖가지 일을 처리하도록 했다. 그래서 대개의 편지들이 민영소의 안부를 확인하는 내용으로 시작한 후 고종과 세자, 그리고 자신의 건강 상태를 알리고 그날그날의 날씨와 함께 처리한 내용을 알렸다.

　　글씨 보고 밤사이에 아무 탈 없이 지낸 일 든든하며, 여기는 임금의 문안도 아주 평안하시고, 동궁의 정황도 매우 편안하시니 (앞으로도 편안하기를) 축수하며, 나는 한결같다.
　　오늘 일기는 괴상하며, 이무로(李茂魯)는 (직책을) 바꾸겠다. 엄주한(嚴柱漢)에 대한 말씀은 아뢰겠다.

고종이 스스로 나라를 다스리기 시작하면서 명성황후는 관리들의 인사 문제에도 관여했던 것이다. 또한 중국에 사절단을 보내는 일 같은 국정 운영 전반과 국제 정세에 따른 대처에도 적극적으로 관여했다. 그 외에도 궁궐 재정이 부족할 때면 친척들에게 부탁해서 왕실의 재정 문제를 해결하기도 했다.

명성황후는 궁궐 안에서는 남들의 눈 때문에 미처 하지 못한 이야기를 봉인이 찍힌 편지로 전했다. 또 민영소를 통해 주변 정황을 보고받아 고종에게 전하며 정사에 적극적으로 개입했다. 그리하여 명성황후는 고종과 함께 위태로운 정국을 운영해나가며 외세에 휘둘리지 않는 자주독립 국가를 만들고자 했던 것이다.

그러나 명성황후는 국모이기에 앞서 늘 고종과 세자(순종)의 건강을 걱정해야 하는 아내이자 어머니였다.

글씨 보고 밤사이에 아무 탈 없이 지낸 일 든든하며, 여기는 임금의 문안이 평안하지 않고 정황도 건강이 회복되지 못하시니 안타깝고, 동궁의 정황은 매우 편안하시니 (앞으로도 편안하기를) 축수하며 여기는 한결같다.

동궁께서는 지난밤에 변을 15번에서 16번이나 보시고 괴로워하시니 답답하다. 나는 안질은 조금 나았다.

너는 종기로 괴로운 일 답답하고, 영복이는 안질 그러한 일로 염려되며 박하유를 보낸다.

오늘 일기는 비가 온 뒤이나 도로 덥다.

명성황후는 외세의 압력과 혼란스런 정세 속에서도 고종과 세자(순종)의 건강이 무엇보다 우선이었다. 서구 열강들이 개항 후 갈수록 조선의 정치에 깊이 개입하려 하는 상황에서 고종의 운명은 조선의 운명과 같았다. 세자 역시 병약해서 피부병과 잦은 설사로 명성황후의 애를 태웠다. 그리하여 세자가 입맛이 없다고 하면 직접 음식을 준비해와 옆에서 간호하며 먹이기도 했다.

명성황후는 정사를 의논하던 민영소를 만나지 못하면 그의 안부를 걱정하면서 바깥소식을 듣지 못해 매우 답답해하기도 했다. 그가 종기에 걸려 고생하고 있다는 소식을 듣고 나서는 무척 안타깝게 여기기도 했다. 그래서 민영소가 병이 나서 궁궐에 자주 들어오지 못하거나, 민영소의 어머니 은진 송씨와 부인 안동 김씨의 몸이 조금만 불편해도 안부를 묻는 편지를 계속 보낼 정도였다. 그리고 건강이 회복되고 편안하게 지낸다는 편지를 받고서야 안심했다.

또 한 조카인 민영복이 눈병에 걸렸을 때는 박하유를 보내줄 정도로 정이 많았다.

한편 명성황후는 고종의 건강이 염려되고 답답한 일이 있으면 무속인에게 의지하는 경우도 많았다. 그럴 때마다 민영소에게 부탁해 고종의 운수를 묻고 재앙을 막을 수 있는 방법에 대해서도 알아보도록 지시했다.

어제는 잊고 보내지 못하였기에 다시 적는다. 남정식이에게 내년엔 임금께서 질역(疾疫)이 올해의 운수와는 어떠신가 물어보고, 무슨 일이 언제쯤 있으며 어찌하면 방액(防厄)이 될까 자세히 알아보고 내일 들어오너라.

이렇게 명성황후는 왕실의 안위와 고종의 건강을 위해 자주 무속인에게 의지하며 앞날을 걱정했고, 민영소에게 대신 방책을 얻어오도록 했다. 심지어 세자를 위해서는 무속인을 통해 기원하거나 절에 시주하느라 많은 재물을 탕진하기도 했다.

이런 상황에서 명성황후 역시 자신의 지위와 급변하는 시대 상황에서 비롯된 스트레스성 질병을 달고 살았다. 그래서 편지에는 고종과 세자의 건강뿐만 아니라, 자신의 건강 상태도 자세히 적어놓았다.

글씨 보고 밤사이에 아무 탈 없이 지낸 일 든든하며, 여기는 임금의 문안도 아주 평안하시고, 동궁의 정황도 매우 편안하시니 (앞으로도 편안하기를) 축수하며 나는 한결같다. 체한 기운으로 (인해) 괴롭다.

　오늘 일기는 좀 풀리었지만, 겨울비가 (내리니) 괴상하다.

　명성황후는 다리 통증으로 고생하거나 소화가 안 돼서 자주 체했고, 두통이 자주 있어 심신이 불편했다.

　이 외에도 자식을 일찍 잃어서인지 친척 손자를 자주 궁궐에 데려오게 하여 함께 지내며 상당히 귀여워했다. 특히 민영소의 외아들 충경(민충식의 아명)이 눈병이라도 걸리면 매우 안타까워하며 웅담이나 양의 간 등을 보낼 정도로 애정을 쏟았다.

　　글씨 보고 밤사이에 아무 탈 없이 지낸 일 든든하며, 여기는 임금의 문안도 아주 평안하시고, 동궁의 정황도 매우 편안하시니 (앞으로도 편안하기를) 축수하며 나는 한결같다.

　　오늘 일기는 하루 종일 큰 비가 갑자기 세차게 내리니 괴상하다. 장마가 처음인 듯하다. 너는 오늘도 낫지 않은 일이 답답하고 충경이는 안질(눈병)이 더욱 심해지니 답답하고 염려된다.

　　이 웅담은 품질이 매우 좋기 때문에 한 품을 보내니 어서 나으면 좋겠다. (네가) 감조관은 알아보아야 하겠다.

　또 이후에는 서양 의사에게 보냈으면 좋겠다는 편지를 보내기도 했다. 이런 정성의 결과였는지 충경은 무사히 회복되었다.

　이처럼 명성황후는 궁궐에 거주하면서 편지를 중요한 의사소통의 수단으로 이용했다. 하지만 일반적인 편지 형태와 다르게 명성황후는 보낸 사람과 받는 사람, 날짜를 적지 않았다. 심부름꾼이 받는 사람에게 직접 전달했기 때문이다. 그리하여 특정 인물이나 그들의 관직, 역사적 상황을 통해 편지가 언제 어떻게 전달되었는지 어림짐작할 수밖에 없는 상황이다.

명성황후의 편지에는 당시의 상황들을 간단명료하면서도 직접적으로 대처하는 모습이 그대로 드러나 있다. 그러므로 명성황후의 한글 편지는 구한말 역사적 격변기에 국정 운영을 주도했던 인물들과 당시의 정치적 상황, 궁궐 내의 사정, 그리고 명성황후의 일상적 모습과 인간적 면모 등을 살펴볼 수 있는 중요한 자료다.

3

조선의 사대부 여성이
임금에게 올린 한글 탄원서

'김씨 부인의 한글 상언'은 조선 영조 때 사대부 여성이었던 김씨 부인 (1655~1736)이 임금에게 장문의 한글로 써서 올린 정치적 탄원서다. 김씨 부인은 소설 『구운몽』의 작가인 서포 김만중의 딸로 숙종 · 경종 대에 좌의 정을 지낸 이이명과 결혼했으나, 남편 이이명이 신임옥사에 연루되어 죽 게 되고 그 영향으로 손자와 시동생도 화를 입게 된다. 그래서 1725년과 1727년 두 차례에 걸쳐 영조에게 자신의 손자와 시동생의 목숨을 구해달 라고 호소하는 탄원서를 써서 올렸다. 현재 개인 소장으로 전하며, 『조선 왕조실록』에 한문으로 번역되어 실렸던 첫 번째 상언이 도암 이재의 『삼관 기』에 한글로 필사되어 있다.

이 이야기는 남편인 이이명이 연루되었던 신임옥사를 배경으로 역적 의 집안으로 몰려 임금께 탄원서를 올린 김씨 부인의 실제 삶의 행적을 사 실적으로 재현한 것이다.

1721년 조정에서는 왕통 계승 문제로 신하들 사이에 노론과 소론이 대립하고 있었다. 그때 노론은 연잉군 (훗날의 영조)를 왕세자로 책봉하는 일을 주도하고 국왕으로 추대하려는 계획을 세웠다. 하지만 이 계획은 정종의 지지세력인 소론에게 발각되고 말았는데, 이 사건으로 노론의 4대신인 이이명을 비롯한 김창집, 이건명, 조태채 등은 사건을 주도했다는 이유로 역적이 되어 죽임을 당하고 만다. 그리고 그 여파는 가족들에게까지 이어졌다.

"역적의 집안은 재산을 몰수하고, 나머지 혈육도 죽이거나 노비로 삼도록 하라!"

조정의 소식은 순식간에 퍼졌고, 1722년 6월 24일 밤 서울에 사는 군수 김도제의 아내도 친정이 있는 부여에 급한 소식을 전해왔다. 김도제의 아내는 이이명의 누이로, 김씨 부인의 시누이였다. 일흔을 바라보는 백발의 김씨 부인은 청천벽력과 같은 소식에 눈물조차 나오지 않았다.

"이게 무슨 날벼락이냐! 우리 집안을 역적으로 몰아가다니…….
이게 도대체 무슨 변고란 말이냐!"

김씨 부인은 남편인 이이명이 사약을 받고 죽은 지 채 2개월이 안 돼서 또다시 집안에 재앙이 닥치자, 정신을 가다듬을 수 없었다. 곧 그의 가족에게도 혹독한 벌이 주어졌다.

김씨 부인의 아들 이기지는 의금부에 끌려가 감옥에서 심문을 받다 죽었고, 시동생 이익명도 이미 유배 명단에 올라 있었던 것이다. 게다가 16세 된 어린 손자인 이봉상마저 체포령이 내려졌고, 남은 가족들도 모두 노비로 전락할 상황에 이르렀다. 이런 급박한 상황에서 할머니 김씨 부인은 손자마저 잡혀가게 내버려둘 수는 없었다.

'하늘도 무심하시지. 남편과 자식이 억울하게 죽었는데 이제 조정에서 손자마저 죽이려 들다니! 무슨 일이 있어도 손자만은 꼭 살려야 해.'

억울한 누명으로 손자마저 죽게 되면 집안의 대가 끊기는 것은 불 보듯 뻔한 일이었다. 이에 김씨 부인은 손자를 살릴 대책을 세웠다. 그것은 손자와 나이와 용모가 비슷한 이를 대신 죽게 한 후, 손자를 늙은 종과 함께 도망치게 하는 것이었다. 그때 마침 유모에게 아들이 있었는데, 그를 불러 이런 사정을 말하고 제안을 했다.

"네가 우리 집안을 위해 목숨을 바칠 수 있느냐? 지금은 비록 역적의 집안으로 몰리고 있으나, 언젠가는 진실이 밝혀질 것이다. 네가 우리 손자를 대신해 죽는다면 나는 너를 위해 성대히 장례를 치르고 좋은 곳에 무덤을 써주겠다. 그리고 매년 제사를 지내 너의 죽음을 기억하겠느니라."

"대감마님의 뜻이 그러하시다면 제가 대신 죽겠습니다. 대장부는 죽음을 두려워하지 않습니다."

김씨 부인의 제안에 유모의 아들은 조금도 망설이지 않고 강에 몸을 던졌다. 그리하여 다행히 손자 일행은 낮에는 골짜기에 숨고 밤에는 걸어서 무사히 도망갈 수 있었다. 김씨 부인은 거짓으로 손자의 장례까지 치르고 나서 며느리, 손자며느리와 함께 상복을 입은 채 전라도 부안으로 귀양을 갔다.

그 후 1724년 경종이 승하하고 영조가 즉위하자, 세상은 뒤바뀌었다. 영조를 떠받들었던 이이명이 충신으로 인정되면서 김씨 부인과 며느리들도 유배에서 풀려나 본가가 있는 부여로 돌아올 수 있었다. 또한 무사히 살아남은 손자에게는 공릉참봉이란 벼슬이 주어졌다는 소식도 전해졌다. 김씨 부인의 집안은 하루아침에 역적에서 충신의 가족으로 뒤바뀐 것이다.

"이제 살았구나! 비로소 임금님께서도 남편의 충정을 인정하셨어!"

김씨 부인은 집안의 명예가 회복되고 남편의 공적을 인정받았다는 것에 기쁨을 감추지 못했다. 너무나 기쁜 나머지 그 이듬해인 1725년 봄에 손자를 데리고 임금이 계신 한양으로 올라갔다. 5월 9일, 대궐 앞에 도착한 김씨 부인은 문밖에 거적을 깔고 무릎을 꿇었다. 그러고는 그간의 사정을 고백하며 임금께 감사의 글을 올렸다.

신의 손자 이봉상은 목숨을 부지하기 위해 도피하느라 미처 자수하지 못하였습니다. 그런데 남편의 아우인 신 이익명의 보고에 의하면, 성상께서 죄를 주지 않았을 뿐만 아니라 공적을 기록하고 벼슬도 내리셨습니다.

손자 이봉상이 다시 살게 되었으니, 임금의 인자하심은 어떤 것에도 비교할 수 없습니다.

(중략)

끊어진 세대를 이어주고 집안을 다시 보존시켜주시는 임금의 은혜가 여러 왕들보다 뛰어나지 않았다면 어떻게 전복된 집안의 혈육을 보존할 수 있겠습니까?

이에 감히 거적을 깔고 엎드려 그간의 일들을 다 아뢰며 죽기를 기다립니다.

상언(편지)에는 일흔이 넘은 할머니가 어린 손자를 살리려 했던 그간의 일들이 자세히 들어 있었다. 이 상언을 본 영조는 사뭇 감동했다. 그러고는 다음과 같이 전했다.

"김씨 부인의 상언을 보니 나도 모르게 비통한 마음이 드는도다. 심부름하는 사내아이가 주인을 위해 목숨을 대신 바친 일은 실로 옛날에도 없는 드문 일이로다. 그러니 중관(내시)을 보내 명을 기다리지 말라 전하고, 주인을 위하여 대신 목숨을 바친 아이에게도 상을 내리도록 하라."

이리하여 김씨 부인의 집안도 명예가 회복되고 안정을 되찾는 듯했다.

하지만 신하들 사이에 정치적인 싸움은 계속되었고, 그에 따라 김씨 부인과 손자인 이봉상의 삶은 또다시 어려움에 빠지고 말았다.

1727년에 이르러 영조는 탕평책을 실시해 자신을 공격하던 신하들을 포용했다. 그러자 세력을 확장한 신하들은 이번엔 이봉상을 처벌해야 한다는 상소를 올렸다.

"전하, 이봉상은 대역 죄인이옵니다! 그는 체포령이 내려졌을 때 도망가 목숨을 부지했사옵니다. 이는 신하로서 왕명을 어긴 것이니 마땅히 처벌받아야 하옵니다. 또한 이이명의 동생 이익명은 조카를 도망가도록 도왔으니 그 또한 죄인이옵니다!"

이 소식은 곧바로 김씨 부인에게도 전해졌다.

"어째서 내 손자가 대역 죄인이란 말이냐! 이 일은 분명히 손자와 시동생의 목숨을 해치려는 사람들의 모함이 아니고 무엇이냐!"

김씨 부인은 억울한 누명을 썼다는 생각에 하늘이 무너지는 것만 같았다. 이에 김씨 부인은 또다시 붓을 들어 영조에게 편지를 썼다. 편지에 서술한 그녀의 주장은 지극히 논리 정연했다.

손자가 도망간 날은 1722년 6월 24일이옵니다. 시동생 이익명은 이에 앞선 6월 2일 충청도 홍산에서 전라도 광주로 유배됐사옵니다. 6월 22일 신은 손자를 남편의 묘소에 보냈는데, 이틀 후 아들 이기지가 연좌되어 옥사했음을 듣고 손자를 피하게 했사옵니다.

이 일은 신이 홀로 꾸민 것이며, (중략) 진실로 시동생과는 조금도 관계가 없사옵니다. 성상께서는 원통하고 혹독한 정사를 살피시어 신만 처벌하여 베시옵소서.

손자를 살려주시어 남편의 후사를 잇게 해주시고, 시동생을 억울한 누명에서 건져 화를 면하게 하시옵소서.

- 1727년 10월

그러나 안타깝게도 두 번째 상언은 영조에게 전달되지 않았다. 당시 정권을 잡은 소론의 실세들이 임금에게 올리지 않았던 것이다. 대신 왕명을 어긴 이봉상과 도망에 개입한 시동생 이익명을 처벌하라는 상소를 매일 올렸다.

"이봉상은 법에 따라 처벌받아야 하옵니다!"

"이익명을 멀리 귀양 보내야 하옵니다!"

이때마다 영조는 "번거롭게 하지 말라."며 일축했으나, 그것도 한계가 있었다. 결국 이봉상과 이익명은 체포되고 말았다. 그 후 이봉상은 1729년에 남해 진도로 귀양 가서 6년간 있다가 나주로 옮겨졌고, 다시 충청도 임천으로 이배된 후 1740년에야 귀양살이에서 풀려날 수 있었다. 그러나 안타깝게도 김씨 부인은 82세가 되던 1736년에 세상을 떠나 손자가 유배에서 풀려난 것을 보지 못했다.

이처럼 김씨 부인의 한글 상언은 숙종에서 경종을 거쳐 영조에 이르는 정치적 격변기에 신임옥사로 남편과 자식을 잃은 김씨 부인이 영조에게 올린 탄원서다. 이 한글 상언은 당쟁이라는 참화 속에서 여성이 왕이나 관가에 호소하는 내용으로 정치적 역할을 했다는 점과 18세기 당시의 언어를 격조 높은 언어로 애절하면서도 정확하게 구사했다는 점에서 오늘날 정치사와 국어사 연구의 귀중한 자료가 되고 있다.

조선의 무예를 살려라, 『무예제보』

『무예제보』는 1598년 훈련도감의 낭관 한교(1556~1627)가 쓴 우리나라에서 가장 오래된 무예서다. 임진왜란이 일어나자, 조선군은 조총으로 무장한 왜군에게 크게 패하고 말았다. 이에 대한 대응책으로 한교는 중국의 병서를 참고해 근접 무기만을 따로 묶고, 그림과 한글을 넣어 『무예제보』를 만들었다. 안타깝게도 이 책은 우리나라가 아닌 프랑스 파리 동양어학교 도서관에 보관되어 있다.

이 이야기는 『선조실록』과 『무예제보』에 기록된 편찬 과정을 중심으로 관련 연구 성과에 근거하여 『무예제보』의 제작 과정을 이야기 형식으로 풀어낸 것이다.

1592년 임진왜란 초기에 조선군은 왜군에게 연전 연패를 거듭했다. 조선군의 무기인 활과 장창은 왜군의 새로운 무기인 조총에 역부족이었기 때문이다. 조선군이 크게 절망에 빠져 있을 즈음, 때마침 이여송이 이끄는 명나라군이 참전했다. 곤방, 등패, 낭선, 장창, 쌍수도, 당파 등의 독특한 무기로 무장한 명나라군은 왜군을 순식간에 무찌르고 평양성을 탈환해냈다. 선조는 득의양양한 표정의 명나라 장수 이여송에게 물었다.

"장군은 조총으로 무장한 왜군을 어찌 그리 쉽게 무찌를 수 있었던 것이오?"

"조총은 무서운 무기이나 대처하는 방법만 안다면 충분히 이길 수 있소이다. 우리 명군은 오래전부터 줄곧 왜군과 싸우는 전법을 기록하여 『기효신서』라는 책을 간행했지요. 그 책 덕분에 우리가 승리할 수 있었소이다."

『기효신서』란 명나라 장수 척계광이 중국 남방의 왜구를 소탕하는 과정에서 만들어낸 병법서였다. 선조는 책을 보여달라고 거듭 부탁했으나, 이여송은 군사기밀이라 곤란하다며 고개를 내저었다. 그러자 선조는 꾀를 내어 비밀리에 역관들로 하여금 명군에게서 책을 구해올 것을 지시했다. 고생 끝에 선조는 가까스로 『기효신서』를 얻을 수 있었다.

그런데 한 가지 문제가 있었다. 책이 너무 난해해 읽기조차 어려웠던 것이다. 이 책의 해석을 맡은 학자들도 도저히 모르겠다며 고개를 절레절레 흔들었다. 어쩔 수 없이 선조는 유성룡과 의논했다.

"내가 천하의 책을 많이 보았으나 이 책은 실로 이해하기 어렵도다. 혹시 그대는 해석할 수 있겠는가?"

"전하, 저보다는 더 좋은 적임자가 있사옵니다. 훈련도감의 낭관 '한교'에게 맡겨보소서."

훈련도감은 임진왜란 당시 왜군을 물리치기 위해 급히 만들어진 군사 기관이었다. 한교는 얼마 전 의병을 일으켜 왜군을 상대한 경험이 있는 데다가, 누구보다도 병서에 해박한 사람이었다. 『기효신서』를 번역하는 데는 더할 나위 없는 적임자였던 것이다.

유성룡은 한교에게 『기효신서』를 건네며 이 일의 중요성을 연신 강조했다. 그 당시까지만 해도 조선군은 활쏘기에는 능했으나 검이나 창 등의 무기를 다루는 근접 무예가 거의 없었기 때문이다.

'과연 왜군을 상대하기 위해서는 이 책 속에 담긴 무예들을 우리나라의 것으로 만드는 것이 중요하겠구나. 나라가 실로 위태하니 한시라도 빨리 번역해야겠다.'

한교는 건네받은 『기효신서』를 펼쳤다. 생전 듣도 보도 못한 무기와 무예 자세들이 그림들과 함께 기록되어 있었다. 게다가 중국어 사투리로 적혀 있어 의미를 알 수 없는 것은 물론, 동작이 애매하게 표현되어 있고, 설명은 지나치게 간략했다. 하지만 가장 큰 문제는 각각의 자세가 다음 자세와 어떤 식으로 이어지는지 알 수 없어 도저히 책만 보고는 그것을 따라 할 수 없었던 것이다. 단순히 이 책을 번역하기만 해서는 조선군에게 아무런 도움도 되지 않을 것이 분명했다. 문제가 생각보다 만만찮다는 것을 알게 되자 한교는 눈앞이 캄캄해졌다.

"휴우! 천릿길도 한 걸음부터랬다. 하나씩 직접 시범을 해보면서 정리해나가보자."

한교는 조급해하지 않고 차근차근 번역과 내용 보완을 해나갔다. 『기효신서』에 등장하는 여섯 가지 무기를 들고 직접 자세를 취해보기도 하고, 병사들에게 동작을 가르쳐 모양새를 관찰하기도 했다.

패보(등패를 익히는 보)

맨 처음 '기수세'의 자세에서 검을 머리 위부터 한 번 휘두르고 즉시 '약보세'를 취한다.

이어서 검으로 등패를 스치듯 한 번 휘두르며 '저평세' 자세로 일어나며 '금계반두세'를 취한다. 이어서 검을 등패에 따라 한 번 휘두르며 한 걸음 나아가 '저평세'를 하고 일어나서 '약보세'를 한다.

몸을 돌려 '곤패세'를 취하고 검을 등패에 스쳐 한 번 휘두르며 한 걸음 나아가서 '저평세'를 하고 일어서며 '선인지로세'를 한다.

– 『무예제보』 등패 언해

이처럼 한교는 책만 보아도 동작을 익힐 수 있게끔 각 자세마다 연결하는 동작을 꼼꼼하게 기록했다. 당시 대부분의 병사들은 한자를 몰랐으므로 한교는 모든 병사들이 읽고 훈련할 수 있도록 한글로 자세히 풀어 썼다. 설명이 완성되면 병사들에게 직접 따라 하게 하여 명나라 장수에게 점검을 받는 것도 소홀히 하지 않았다. 이렇게 하나씩 다듬어나가자, 점점 우리만의 독자적인 무예서가 만들어지는 듯했다.

마침내 한교는 1594년 초본, 1595년 개정본에 이어 1598년 『무예제보』 완성본을 만들었다. 스스로도 만족할 만큼의 책을 만들었다고 생각한 한교는 붓을 내려놓았다. 4년 동안 견뎌온 그의 인내심이 드디어 성과를 보는 순간이었다.

"드디어 완성했다! 이 책은 분명히 우리나라 무예의 초석이 될 거야."

예부터 우리나라 사람들은 활쏘기가 매우 뛰어났기 때문에 상대적으로 근접 무예를 소홀히 여겨왔다. 그러나 한교가 중국 병법서를 한글로 언해하여 『무예제보』를 만들고 이를 널리 전파한 덕분에 임진왜란 이후 조선군은 보다 체계적이고 실전적으로 훈련할 수 있게 되었다. 뿐만 아니라 활쏘기에 치중해왔던 우리나라의 전통 무예도 새로운 시대를 맞이하게 되었다.

5

전염병을 물리쳐라,
『간이벽온방』

『간이벽온방』은 1525년 평안도에서 유행한 전염병의 치료와 예방에 필요한 처방전을 모아 엮은 의서다. 1524년 가을 평안도에서 발생한 전염병이 이듬해 봄까지 계속되어 많은 백성이 죽게 되자, 중종은 의원인 김순몽 · 유영정 · 박세거를 불러 전염병을 치료할 수 있는 방법들을 모아 책으로 만들게 했다. 이 책에는 당시 사람들의 전염병에 대한 인식과 전염병에 대처하고자 했던 노력이 담겨 있다.

이 이야기는 『중종실록』과 『간이벽온방』 서문을 토대로 하여 『간이벽온방』 편찬 및 배포 과정을 이야기로 재구성한 것이다.

1523년 가을, 평안도에 전염병이 크게 유행하여 많은 사람이 죽어 나갔다. 병에 걸린 사람은 고열, 두통, 복통에 시달리며 시름시름 앓다가 결국 죽고 말았다. 전염병은 좀처럼 그치지 않았고, 더욱 기세를 떨치며 많은 백성을 두려움에 떨게 했다.

"전하, 이번에 평안도에서 전염병으로 7,000명이 죽었사옵니다."

"허어, 병의 기세가 좀처럼 사그라지지 않으니 이를 어찌하면 좋단 말이냐."

중종은 치료도 제대로 받지 못하고 죽어가는 백성을 안타깝게 여겼다. 그 당시 조선 사람들은 귀신이 전염병을 일으킨다고 생각했다. 그래서 중종은 귀신을 진정시키려 사당을 짓고 제사를 올리는 정성도 마다하지 않았다. 그뿐만 아니라 좋은 약재와 유능한 의원을 보내 백성을 살리는 데 최선을 다하도록 했다. 그럼에도 좀처럼 전염병이 가라앉지 않자, 중종은 고심 끝에 의원인 김순몽 · 유영정 · 박세거를 불렀다.

"전염병이 진정될 기미가 보이지 않는구나. 그대들이 여러 의서에서 이 병을 고칠 방법을 정리하여 책으로 만들도록 하라."

"예, 전하. 최선을 다해 방법을 찾겠사옵니다."

임금의 명을 받고 물러난 의원들은 서로 머리를 맞대고 의논하기 시작했다. 병을 치료하기 위해 가장 먼저 해야 할 일은 무슨 병인지 알아내는 것이었다.

"지금 평안도에서 유행하는 병은 더러운 기운이 여러 사람에게 동시에 씌워져서 생기는 열병이오. 한 해 동안 계절의 기운이 고르지 못하면 병이 일어나 남녀노소 할 것 없이 그 병에 걸립니다."

"그렇다면 그 더러운 기운을 없애는 방법이 가장 중요하겠구려. 이 병은 전염성이 워낙 강하므로 반드시 약을 먹으며 액막이도 해야 하오. 그렇다면 의원이 처방할 수 있는 조치와 백성이 병을 쫓아내는 조치를 함께 써야겠소."

원인을 짐작한 의원들은 병을 치료할 방법들을 우리나라와 중국의 의서에서 찾기 시작했다. 세 의원은 수많은 의서에 파묻혀 치료 방법을 찾느라 여념이 없다가도 간혹 좋은 치료법을 발견하면 그 즉시 토론을 벌이곤 했다.

"십신탕은 어떻소? 이 약은 계절이 고르지 못해 유행하는 전염성 열병과 감기로 열이 나는 것을 고칠 수 있습니다. 약제법과 복용하는 법이 상세하니 이 약도 치료법에 넣읍시다."

"그럽시다. 허나 약뿐만 아니라 의원이 없어도 쓸 수 있는 치료법도 조사해야 합니다."

세 의원은 평안도의 의원들이 직접 약을 만들 수 있게끔 소합향원, 석웅황, 향소산, 십신탕 등 수많은 약의 조제법과 복용 방법을 꼼꼼하게 기록했다. 이 약들은 모두 몸의 나쁜 기운을 몰아내고, 귀신을 쫓아내는 데 효험이 있었다. 그뿐만 아니라 의원이 없는 마을에서도 백성이 병을 고칠 수 있는 방법들이 있는지 철저하게 조사했다. 그 방법 중 대부분은 '대나무를 태우면 요사스런 기운을 없앨 수 있다'와 같은 주술적인 내용이었다. 그러나 몇몇 대처법은 병의 전염을 막을 수 있는 효과적인 방법이었다.

집에 전염병이 옮아오거든 즉시 처음 병에 걸린 사람의 옷을 빨아 깨끗하게 하여 밥을 찌는 시루에 찌면 곧 병이 전염되지 않는다.

- 『간이벽온방』 본문 일부

이러한 방법은 질병에 걸린 환자의 옷을 소독하는 현대의 방법과 흡사했다. 이외에도 많은 과학적인 방법과 증상을 완화시킬 수 있는 약들이 자세히 기록되었다. 이렇게 세 의원이 밤낮으로 노력한 끝에 마침내 한 권의 의서가 만들어졌다.

의서가 완성되자, 중종은 크게 기뻐하며 말했다.

"이 책을 『간이벽온방』이라 하겠다. 백성도 이 책을 볼 수 있도록 한글로 번역하라. 허나 언해본이 완성될 때까지 기다리면 전염병의 치료가 늦을 것이니, 우선은 그것을 베껴서 치료약과 함께 평안도로 보내도록 하라!"

중종은 백성이 쉽게 읽을 수 있는 한글로 번역할 것을 지시했다. 그와 동시에 긴급히 베낀 치료법과 약을 평안도로 내려보냈다. 백성을 걱정하는 마음에 조금이라도 빨리 보내고자 한 것이다.

뒤이어 한글로 번역된 『간이벽온방』이 대량으로 인쇄되어 평안도의 각 마을에 보내졌다. 이리하여 백성도 언해된 『간이벽온방』을 보고 집에서 전염병에 대비할 수 있게 되었다.

"아이고! 전염병에 걸려도 아무런 방도 없이 발만 동동 구르며 바라볼 수밖에 없었는데, 이렇게 치료법을 얻게 되었으니 이 은혜를 무엇으로 갚아야 할지……."

"전하께서 우리 같은 까막눈을 헤아리시고 친히 한글로 의서를 지어주셔서 정말로 고맙습니다."

게다가 완성된 『간이벽온방』은 겨우 수십 장밖에 안 되었기에 많은 부수를 발행하기도 쉬웠다. 또 중요한 내용만을 간추려 한글로 적었기에 백성에게 큰 도움이 되었다. 중종과 세 의원이 노력한 끝에 나온 이 책은 이후에도 전염병이 유행할 때마다 발행되며 요긴하게 쓰였다. 이처럼 『간이벽온방』은 전염병에 대처하려고 했던 선조들의 지혜와 노력이 깃들어 있으며, 무엇보다도 백성이 모두 볼 수 있도록 한글로 지은 중종의 깊은 마음이 담긴 책이다.

말이 곧 국력이다,
『마경초집언해』

『마경초집언해』는 1635년경 이서(1580~1637)가 말의 치료법을 정리한 한글 마의서. 중국과 우리나라에서 전해지는 여러 수의서에서 말을 치료하는 데 필요한 내용만을 간추리고 이를 언해하여 만들었다. 『마경초집언해』는 조선의 말 문화를 알 수 있는 중요한 유물로, 현재 서울대학교 규장각에 소장되어 있다.

이 이야기는 『인조실록』과 장유의 『계곡집』을 근거로 하여 이서가 『마경초집언해』를 편찬하게 된 동기 및 과정을 이야기 형식으로 풀어낸 것이다.

1627년, 정묘호란이 발발했다. 청나라는 강력한 기마 부대를 앞세워 의주, 평양을 무너뜨리고 남쪽으로 진격했다. 조선군은 속수무책으로 당했으나 다행히도 곳곳에서 나라를 구하겠다는 일념으로 의병들이 일어섰다. 결국 청나라는 의병들과의 전투에서 큰 피해를 입고 본국으로 철수했다.

"장군님! 청나라 군사가 본국으로 퇴각하고 있사옵니다!"

말을 타고 급히 달려온 병사가 기쁜 표정으로 부원수 이서에게 청군의 후퇴 소식을 알렸다. 남한산성에서 청군에 맞서 싸울 채비를 하던 병사들과 백성은 서로 얼싸안고 기뻐했다. 그러나 갑옷을 두른 이서만은 굳은 표정을 풀지 않았다.

'청나라군이 돌아간 것은 참으로 하늘이 도운 일이다. 만약 그들의 기마부대가 그대로 진격했다면 우리는 무너졌을 것이다.'

이서는 조선의 국방력이 얼마나 부족한지 절실하게 느꼈다. 이번 전쟁은 무사히 넘겼지만, 청나라가 조선을 노리고 있기 때문에 한시바삐 국방을 강화해야 했다. 이서는 걱정스런 마음에 인조를 찾아가 아뢰었다.

"전하, 국방에 대해 드릴 말씀이 있습니다. 우리 조선군이 이괄의 난, 정묘호란에서 속수무책으로 당한 것은 바로 '말' 때문입니다. 아시다시피 이괄의 부대는 1천 기의 기마병이 무시무시한 힘을 발휘했습니다. 청나라도 마찬가지로 날랜 기마병을 앞세웠기에 거침없이 내려올 수 있었습니다."

이괄의 난은 인조반정 때 큰 공을 세웠음에도 주어진 벼슬이 낮은 데 불만을 품은 이괄이 북쪽 변방의 군사를 이끌고 일으킨 반란이었다. 이괄의 난이 진압되자, 그 잔당이 청나라를 꼬드겨 조선을 침략하게 하여 이번 정묘호란이 일어났던 것이다.

"허어, 정녕 말이 그토록 중요하단 말인가?"

"예, 그러하옵니다. 전쟁에서 말의 숫자는 승패를 좌우한다고 해도 과언이 아닙니다. 예부터 '나라의 강함은 말의 숫자를 세어보면 안다'는 말이 있을 정도로 말을 기르는 것을 중요하게 생각했습니다. 그럼에도 불구하고 우리나라는 말 목장이 점점 줄어들고 있고, 백성은 말을 기르려 하지 않아 문제가 심각합니다."

"그렇다면 어떻게 하는 것이 좋겠느냐?"

"예, 제가 '사복시'를 직접 관리하여 다시 우리나라 말의 숫자를 늘리고 조련하여 우수한 군마들을 양성하고자 합니다. 하명하소서."

사복시란 국가 차원에서 말을 관리하는 관청으로, 말에 대한 모든 것을 관리하는 곳이었다. 이서는 직접 사복시를 감독하면서 말들의 관리가 어떻게 이뤄지는지 직접 살펴보고자 했다.

"알겠다. 그러면 그대가 사복시를 맡아 국가의 말 운영에 관여하라."

인조의 허락을 받은 이서는 자리에서 물러났다. 매사에 꼼꼼하고 진지했던 이서는 말 목장을 하나하나 점검하면서 제도와 시설들을 다시 정비하고, 한동안 갱신되지 않은 말 목장 지도를 다시 새롭게 그렸다. 그뿐만 아니라 남한산성을 쌓고 병사를 훈련시키는 등 국방력을 강화하는 데도 소홀히 하지 않았다.

그러던 어느 날이었다. 이서가 새로운 말 목장을 둘러보다가 상당수의 말들이 무척 야위었고, 심지어 몇몇 말들은 병든 것이 분명한데도 아무런 치료를 하지 않은 채 방치되어 있는 것이 눈에 띄었다. 이서는 그 즉시 담당 관리를 불러 호되게 질책했다.

"말이 저렇게 말라가는데 어찌 합당한 조치를 취하지 않는 것이냐? 마의서를 보고 증세를 진단하면 될 일이 아닌가?"

"예, 그것이…… 마의서가 제대로 된 것이 없어 크게 도움이 되지 않습니다."

우물쭈물하는 관리의 대답에 이서는 직접 마의서를 받아 펼쳐 보았다. 과연 관리의 말대로 마의서는 치료법이 간단하게만 적혀 있어 분량이 매우 적으며, 그마저도 겉핥기식에 불과해 말의 치료에 별 도움이 되지 않을 듯했다. 심지어 어떤 질병은 소·말·양·돼지를 구분하지 않은 채 처방하기도 했다.

'실로 한심하구나! 마의서가 이렇게 형편없는데 어떻게 아픈 말을 치료하며 건강하게 기를 수 있겠는가! 이런 기초적인 것부터 탄탄하게 준비되어야 군사력을 강하게 기를 수 있거늘, 실로 한탄스럽구나.'

이서는 비록 무관이었지만 자신이 직접 마의서를 쓰기로 결심했다. 그는 먼저 중국과 조선의 수의서를 모아 말의 치료에 관한 부분을 따로 정리한 다음 말의 관상, 좋은 말과 나쁜 말을 구별하는 법, 기르는 법, 병의 증상, 말의 질병과 치료법 등을 꼼꼼하게 한글로 기록했다.

'백문이 불여일견이라 하였다. 글로 아무리 장황하게 설명한들 정확한 그림이 없으면 이해하기 어려운 법이다.'

이서가 무엇보다도 신경 쓴 것은 '말 그림'이었다. 그는 화가를 불러 말의 신체를 정확하게 그리게 했다. 또한 사람들이 쉽게 알 수 있도록 말 그림을 세심하게 그려 넣고, 각각의 부위에 맞는 이름을 붙여 필요할 때마다 설명을 덧붙였다.

신경통의 증상과 그림

신경을 앓는 것은 주인이 제대로 타지 않으며, 달리기를 급히 하며, 뒷다리가 상해 제대로 앉지 못하며, (중략) 기운과 피가 허리에 맺힘을 말한다.

『마경초집언해』 중 신경통의 증상과 그림

증세는 앞으로 향할 때 뒤로 끌며, 다리와 허리를 앓아 눕고 일어나기를 어려워하며, 형상이 여윈다. 이것이 이른바 기운이 엉기고 신장이 허한 증세이니, '파고지산'으로 고치고 신장의 피를 빼며 허리 위의 7혈에 화침을 준다. (중략) 음식은 외양간에서 먹이며, 찬 곳과 그늘진 곳에 매지 말고 바람 부는 곳을 금한다.

파고지산은 말이 신장을 앓아 눕고 일어나기를 어려워하는 것을 고친다.

파고지, 기린갈, 현호삭, 몰약, 청피, 감초, 오약, 당귀, 호로파, 회향, 진피, 육계, 백출, 백축, 천련자, 오수유

위의 약재를 가루로 만들어 (중략) 빈 속에 먹인다.

각고의 노력 끝에 이서는 1635년 즈음 마침내 『마경초집언해』를 완성했다. 말의 치료법에 관해서는 모든 것을 총망라한 책이었다.

그 후 사람들은 말을 매매하거나 치료하기 위해 너도나도 이 책을 가지고 다녔다. 심지어 몇몇 사람들은 가지고 다니기 편하게 작은 책자로 만들기도 했다. 말을 가진 사람이라면 반드시 소장해야 하는 필수 도서가 된 것이다.

이전까지만 해도 마의서는 복잡한 데다가 한문으로 되어 있어 쉽게 이용하기 어려웠다. 그러나 한글 마의서 『마경초집언해』가 보급된 이후로는 비로소 조선 백성도 책을 읽으며 말을 제대로 돌볼 수 있게 되어 조선에 있는 말의 수가 대폭 늘어나게 되었다. 이 책 덕분에 조선은 비로소 말 문화의 선진국이 될 수 있었던 것이다.

금슬 좋은 부부가 만든 가정백과사전, 『규합총서』

    『규합총서』는 1809년 빙허각 이씨(1759~1824)가 만든 가정백과사전이다. 빙허각 이씨는 부녀자들을 위해 다양한 실학서에서 집안일에 필요한 내용을 정리하고 직접 실험한 끝에 집안 생활의 지침을 총망라한『규합총서』를 만들었다. 이 책의 필사본은 현재 국립중앙도서관을 비롯한 다양한 곳에서 소장하고 있다.

    이 이야기는『규합총서』의 서문에 기록된 제작 경위와 내용을 바탕으로『규합총서』의 편찬 과정을 이야기로 풀어낸 것이다.

1800년대 초, 집안일을 마친 빙허각 이씨는 사랑방으로 들어갔다. 남편 서유본은 수십 권의 책을 쌓아 놓고 묵묵히 독서를 하고 있었다. 빙허각이 조용히 곁에 앉아 책을 펼치자, 남편 서유본이 넌지시 말을 건넸다.

"부인, 살림살이가 힘들지 않으시오? 나 때문에 이런 시골까지 내려오게 되어 그대에게 늘 미안하게 생각한다오."

본래 한양에서 살았던 빙허각 부부는 작은아버지가 정치적 사건에 휘말리면서 집안이 몰락하게 되어 어쩔 수 없이 낙향하게 되었다. 서유본은 갑자기 집안에 닥친 시련으로 갖은 고생을 하는 아내에게 미안한 마음을 품고 있었다.

"아니에요. 저보다는 당신이 더 힘들겠지요."

빙허각은 남편의 마음 씀씀이에 미소를 지었다. 사실상 출셋길이 막혀버린 남편의 심정을 늘 곁에서 지켜보는 빙허각이 모를 리 없었다. 이처럼 부부는 서로의 마음을 깊이 이해하고 있었다.

부부는 약속이나 한 듯 말없이 책을 읽기 시작했다. 부부의 집안은 백성의 일상에 이롭게 쓰이고, 삶을 풍요롭게 하는 것을 강조하는 실학자 집안이었다. 그래서 빙허각이 관심을 가지고 읽은 책들도 대부분 『증보산림경제』, 『해동농서』 같은 실학서였다. 빙허각은 책을 읽다가 문득 이런 생각이 들었다.

'옛사람이 말하길 아무리 기억력이 좋아도 그때그때 적어두는 글만 못하다 하였다. 그러니 잊어버리지 않도록 집안일의 지침들을 글로 쓰는 것이 좋겠구나. 게다가 오늘날의 실학서들은 간혹 가사에 도움이 될 만한 내용이 있어도 한문으로 되어 있어 불편하구나.'

빙허각은 책을 덮고 독서에 몰두하고 있는 서유본에게 말을 건넸다. 부부는 평소 시를 주고받거나 학문을 논하는 지우(知友)와 같은 관계였기에 종종 의견을 나누곤 했다.

"여보, 제가 부녀자들의 살림살이에 요긴한 지식들을 두루 모아서 책으로 만들어보려 하는데, 어떻게 생각하시나요?"

"좋은 생각이구려. 그대의 외숙모 되시는 사주당께서도 태교에 관한 내용을 담은 『태교신기』를 쓰지 않으셨소. 부녀자를 위한 책이라……. 그대라면 능히 해낼 수 있을 듯하오."

남편의 든든한 격려에 빙허각은 고개를 끄덕였다. 그때까지만 해도 본격적으로 여성의 살림살이를 위해 만들어진 책은 없었다. 빙허각은 힘들더라도 부녀자들을 위한 가정생활 총서를 만들어내자고 다짐했다.

'우선 이 책을 볼 부녀자들을 위해서라면 한글로 써야겠구나.'

빙허각은 부녀자들이 집안일을 하며 편하게 읽을 수 있도록 한글로 써야 한다고 생각했다. 하지만 막상 책을 쓰려 하니 어떻게 만들어야 할지 방법이 막막했다. 가장 먼저 떠오른 것은 백과사전 형식의 책이었다. 멀리서 찾지 않아도 빙허각의 시아버지 서호수가 쓴 농업서인 『해동농서』를 비롯한 많은 실학서들이 대부분 백과사전 형태였다. 빙허각은 백과사전에 맞게 가정 살림에 도움이 될 만한 내용을 다섯 가지로 분류했다. 술과 음식에 관한 '주사의', 길쌈과 바느질·염색에 관한 '봉임칙', 밭일과 집에서 기르는 동물에 관한 '산가락', 가족 건강과 위생에 관한 '청낭결', 무속에 관한 '술수략'이라는 다섯 개의 항목으로 나눈 것이다.

빙허각은 그동안 읽은 책들을 정리하여 집안일에 도움이 될 만한 내용을 한글로 옮겨 적었다. 문장은 쉽고 간결하게 적고, 어떤 책에서 가져왔는지 출처도 꼼꼼히 적었다.

수박[西瓜]

[완위편]에 이르되, 거란이 회흘국을 무찌르고 수박씨를 얻어 심은 뒤로, 처음엔 중국에 수박이 없다니 금나라로부터 들어왔다고 한다. 『농정전서』에 말하기를 그 종류가 매우 많되 껍질이 푸르고 씨가 검고 살이 연지같이 붉은 것이 상품이니, 무진일에 심으면 무성하고 향내를 쏘이면 썩는다 한다.

사월에 모래땅에다 크고 넓게 구멍을 파서 흙과 거름을 섞은 후, 씨를 소주에 잠깐 담갔다가 다시 재에 하룻밤을 묻어 한 구덩이에 4~5개씩 심어라. 잎이 4개가 나거든 뿌리를 돋아주기를 5~6번 하면 열매가 크고 번성한다. 처음 꽃을 따주어야 크고 살찐다.

줄기가 살이 찌거든 두 줄기를 대칼로 반씩 껍질을 벗기고, 나무 접하듯이 붙여라. 그런 다음 삼 껍질이나 칡 껍질로 동여 쇠똥과 황토로 봉하여 4~5일 동안 서로 합한 후 살기를 기다린 뒤 한 줄기를 남겨라. 수박이 열리면 좋은 것만 두고 나머지는 다 따서 없애면 크기가 비할 데 없다.

수박은 목마른 것을 다스리고, 입병과 소변에 유익하다. 술 냄새와 찹쌀을 가까이하면 상해버린다.

　- 『규합총서』 권 3 산가락(山家樂)의 수박(西瓜)

빙허각은 그대로 옮겨 적는 데서 그치지 않고, 정확한 정보인지 직접 실험을 통해 확인했다. 실험을 통해 검증이 끝나면 그에 대한 자신의 생각을 덧붙였다. 간혹 책을 쓰다가 어려운 점이 있으면 남편 서유본과 의논했다.

"이 약학서에 '유황배'라는 술잔을 만드는 법이 있는데, 그대로 따라 만들어보니 똑같이 만들어지지 않아요. 대체 이유가 무엇일까요?"

"옛날 책이라 해서 모두 옳진 않소. 그대가 실험한 결과를 기록하고 의견을 자세히 덧붙이는 게 좋지 않겠소?"

이처럼 서유본은 빙허각이 책을 쓰는 데 불편함이 없도록 신경을 써주었다. 필요한 자료가 있으면 직접 구해다주기도 하고, 자신이 아는 것을 알려주기도 했다. 빙허각이 글을 쓰다가 지칠 때에는 따뜻하게 격려했다.

1809년, 빙허각은 100여 종이 넘는 책을 보고 정리한 끝에 마침내 가정생활의 모든 것이 담긴 책을 완성했다. 서유본은 아내가 완성한 책을 보고 무척 기뻐했다.

"축하하오! 정말 대단한 일을 하였소!"

"아니에요. 저 혼자 힘으로는 할 수 없는 일이었어요."

빙허각은 이 책을 완성한 데는 남편의 도움이 컸다는 것을 알고 있었다. 마치 자기 일처럼 기뻐하는 남편의 모습에 한층 더 고마움을 느꼈다.

"흠흠, 사실은 말이오. 내가 이 책의 이름을 좀 고민해보았는데, 『규합총서』라는 이름은 어떻게 생각하시오?"

"안방의 부녀자들을 위한 총서라는 뜻인가요? 좋은 이름인 것

같아요."

　빙허각은 남편이 지어준 책 이름이 마음에 드는지 여러 번 혼자서 되뇌었다. 부부는 서로를 바라보며 미소를 지었다.

　이렇게 하여 『규합총서』가 세상에 등장하게 되었다. 실생활에 도움이 될 만한 책들이 정작 모두 한문으로 되어 있어 집안일을 하는 여성들이 읽지 못하는 어려움을 파악한 빙허각은 『규합총서』를 만들어 부녀자들을 돕고자 했다. 빙허각의 책이 어찌나 인기가 많았던지 친척들과 부녀자들이 소문을 듣고 직접 와서 『규합총서』를 베껴 갔으며, 이들은 요긴하게 책을 활용하며 소중히 간직해두었다가 딸과 며느리에게 물려주었다고 한다. 빙허각의 노력과 남편 서유본의 지원 덕분에 조선 최고의 한글 가정생활 백과사전 『규합총서』가 탄생할 수 있었던 것이다.

8

제사상 차리는 법을 익히는 놀이,
습례국

습례국은 구한말의 성리학자 정기연(1877~1952)이 제사상 차리는 법을 익히기 위해 만든 놀이판이다. 이 놀이는 습례국(놀이판), 전자(주사위), 나무판 44개 등의 준비물이 필요하다. 놀이의 규칙은 편을 둘로 가른 다음 제사상을 먼저 차리는 쪽이 승리하는 것이다. 현재 습례국은 국립한글박물관이 소장하고 있다.

이 이야기는 『탁와선생문집』의 기록과 홍윤표 교수의 저서를 바탕으로 습례국의 제작 과정을 쉽고 재미있게 이야기로 풀어낸 것이다.

일제강점기에 일제는 우리 민족을 억압하면서, 한편으로는 우리나라의 전통과 문화도 모조리 말살하려 했다. 정기연은 바로 이 시기의 성리학자로, 특히 예법을 중시하는 예학에 많은 관심을 가진 학자였다. 평생 동안 학문에 몰두했던 그는 점점 암울해지는 나라의 앞날을 걱정했다.

'일제는 틈만 나면 우리의 문화를 없애려고 하니 참으로 걱정스럽구나. 이런 시기일수록 더더욱 우리 전통을 지킬 수 있도록 애써야 할 것이다.'

정기연은 빼앗긴 나라를 되찾는 독립운동도 중요하지만, 우리의 문화를 후손에게 고스란히 물려줄 수 있도록 잊어버리지 않는 것도 못지않게 중요하다고 생각했다. 그러나 철없는 어린아이들은 정기연의 이런 마음을 모르는지 좀처럼 제사 예절과 같은 문화를 공부하려 하지 않았다. 회초리를 들어가며 혼을 내도 별 효과가 없었다.

"비록 지금은 나라를 빼앗겼으나 우리의 정신마저 빼앗길 수는 없다. 올바른 전통 예절을 전하는 것은 유학자의 몫이다. 그러나 아이들은 좀처럼 제사법과 같은 전통 예절을 배우려 하질 않으니 이를 어찌하면 좋을까?"

그때 저 멀리서 마을 아이들이 노는 모습이 보였다. 어느 시대나 그렇듯이 아이들은 공부하는 것은 싫어했지만 노는 것은 무척 좋아했다. 정기연은 아이들을 바라보다가 문득 '놀이'에 대해 생각했다.

'제사상 차리는 법을 놀이로 만들어보면 어떨까?'

정기연의 발상은 실로 놀라운 것이었다. 관혼상제 중 하나였던 제사는 극히 조심스럽게 여겨졌는데, 그런 제사상을 놀이판으로 만든다는 것은 당시로서는 감히 상상도 할 수 없는 대담한 생각이었다.

"그래! 놀이라면 분명히 좋아할 거야. 아이들도 승경도 놀이를 통해 자연스럽게 관직 체계를 익히잖아!"

승경도란 말단 관리부터 높은 벼슬까지 차근차근 오르는 전통 놀이였다. 승경도 같은 놀이도 있으니, 정기연은 제사상 놀이도 장기나 바둑, 윷놀이처럼 두 편으로 갈라서 경쟁하는 것이 좋겠다고 생각했다. 그러기 위해서는 놀이판이 있어야 했기에 우선 제사상을 본떠 놀이판의 모습으로 만들었다.

놀이판을 만들었으니 이번에는 놀이판에 올릴 말이 필요했다. 정기연은 대추, 밤, 산적 등 제사상에 올릴 음식을 나타내는 나무판 22개를 만들었다. 나무판의 앞면에는 숫자를 적고, 뒤에는 한글과 한자로 음식의 이름을 표기했다. 두 편이 서로 싸워야 하니 22개씩 2쌍, 도합 44개의 나무판을 만들었다.

그다음에는 말을 놀이판 위에 올리는 데 필요한 주사위를 만들었다. 주사위는 육각형 모양으로 각 면에는 '일, 이, 일, 이, 삼, 공空'이라 적었다. 주사위에 적힌 숫자만큼 음식을 올리고, 공이 나오면 음식을 올릴 수 없었다. 이렇게 주사위를 굴려 제사상을 다 차린 쪽이 놀이에서 이기는 규칙이었다.

"우선 시험삼아 한 번 해볼까?"

그러나 놀이는 생각보다 재미없었다. 단순히 주사위만 굴려 높은 숫자가 나오기만 하면 이기니, 별 재미를 느낄 수 없었던 것이다. 고민에 빠진 정기연은 왜 재미가 없었는지 곰곰이 생각했다.

습례국(국립한글박물관 소장)

'그래! 윷놀이도 윷과 모로 한 번 더 굴릴 수 있고, 뒷도로 한 칸 물러나기도 하잖아! 주사위를 잘 굴리면 상을 주고, 잘못 굴리면 벌을 주도록 해서 놀이의 돌발 변수를 대폭 늘리는 게 좋겠다. 삼이 두 번 연속으로 나온다면 두 번째부터는 한 개를 더 올릴 수 있고, 마찬가지로 이도 연속으로 나오면 두 번째부터는 한 개를 더 올릴 수 있도록 하자. 일은 세 번 연속으로 나오면 하나도 올릴 수 없다. 반대로 공이 연속으로 두 번 이상 나오면 하나를 덜고, 계속해서 공이 나오면 두 개를 덜자.'

이러한 규칙들을 더하고 실험해본 끝에 마침내 정기연은 놀이를 완성했다. 완성된 놀이판을 보고 정기연은 흡족한 표정을 지으며 말했다.

"이 놀이판을 '예를 익히는 판'이라는 뜻으로 '습례국'이라 해야 겠구나."

정기연은 습례국을 아이들에게 건넸다. 놀이판을 건네받은 아이들은 처음에는 서툴렀지만, 놀이에 빠져들수록 점점 즐거워했다.

"왜 이렇게 운이 없지? 주사위에서 또 공이 나왔어. 어쩔 수 없이 제사상에서 숙채*를 빼야겠네."

"어? 이가 두 번 연속으로 나왔다! 어디 보자, 다음에 올려야 할 음식은 고기, 국수 그리고 덤으로 생선을 차려야지!"

정기연은 아이들의 모습을 바라보며 흐뭇하게 미소를 지었다. 놀이와 교육, 두 가지를 만족시키는 데 성공했으니 그야말로 일석이조였다. 정기연은 제사 예절을 쉽고 재미있게 가르치기 위해 일부러 놀이에 알기 쉬운 한글을 활용했다. 아이들에게는 한글이 한자에 비해 외우는 부담이 적고 읽기 편리한 까닭이었다. 이처럼 습례국은 전통 예절을 쉽고 재미있게 전달하고자 한 정기연의 노력이 담겨 있다.

---

* 숙채: 익혀서 무친 나물을 일컫는다.

9

만든 이의 기원을 담은
한글 버선본

버선본은 우리나라의 전통 복식인 버선을 만들 때 사용되던 틀이다. 예부터 조상들은 치수에 맞게 종이로 본을 만들고 그것에 따라 천을 잘라 버선을 만들곤 했다. 집집마다 가족 수만큼 버선본을 가지고 있었는데, 주로 한지나 편지, 옛날 책들로 만들었다. 때때로 부녀자들은 버선본 위에 글귀를 적곤 했다. 특히 한글로 쓴 버선본이 많았는데, 주로 상대방의 건강과 안녕을 비는 내용을 담았다. 때로는 장독에 버선본을 거꾸로 붙이기도 했는데, 이는 버선본에 '잡귀를 물리치는 힘'이 있다는 생각 때문이었다. 이처럼 버선본은 일상생활에서 떼려야 뗄 수 없는 물건이었다.

이 이야기는 1875년 만들어진 것으로 보이는 버선본 속 한글 편지의 내용을 이야기로 풀어 구성한 것이다.

1875년, 삼십 대 중반의 한 여인이 아버지께 보내드릴 선물을 고민하고 있었다. 시집온 지가 엊그제 같은데, 어느덧 장성한 아들을 둔 어머니가 되고, 아버지는 백발의 할아버지가 되어 있었다. 여인은 이때가 되도록 아버지를 직접 모시지 못한 것을 항상 안타깝게 여겼다. 그래서 이번에라도 마음을 담은 선물을 드리고 싶었던 것이다.

'발을 따뜻하게 하는 것이 건강의 비결이라 했지. 직접 버선을 만들어 드리진 못하지만, 질 좋은 천, 목화솜과 함께 버선본을 만들어 보내 드리자.'

예부터 집집마다 가족 수만큼 버선본을 가지고 있었다. 가족의 발 치수를 기억하고 버선을 짓는 것은 상대방에 대한 사랑과 정성을 표현하는 방법이었다.

버선본은 주로 종이로 만들었다. 특히 글씨를 연습하는 습자지로 만들곤 했다. 하지만 여인은 질 좋은 종이를 손수 잘라 버선본을 만들었다. 아버지께 선물로 보낼 것이고, 지금 보내지 않으면 영영 기회가 없을 것만 같았기 때문이다.

여인은 시집오기 전 손수 만들던 아버지의 버선 모양을 기억해 냈다. 이윽고 아버지의 발 모양대로 종이를 잘랐다. 곧 버선본이 완성되었다. 뒤이어 정성껏 먹을 갈아 버선본에 글귀를 적기 시작했다.

버선본에는 버선을 신을 사람에게 기원하는 마음을 담곤 했다. 그래서 '부부가 평화롭고 즐겁게 지내도록 해주십시오.'(부부화락), '자손들이 대대손손 성하게 해주십시오.'(자손흥성), '모든 일에 운이 좋아 막힘없이 뜻을 이루도록 해주십시오.'(만사대길), '원하는 바를 이루게 해주십시오.'(소원성취), '자손이 큰 방에 가득한 것처럼 많아지게 해주십시오.'(자손만당), '하늘이 내려준 수명을 길이길이 전하도록 해주십시오.'(만대유전) 같은 글귀를 적곤 했다.

그런데 놀랍게도 여인이 쓴 것은 한문이 아닌 한글이었다.

당시 한글은 부녀자들 사이에 널리 쓰이던 문자였다. 그 때문에 여인은 자신의 마음을 버선본 위에 한글로 적었던 것이다.

글귀를 모두 적자, 주름진 아버지의 얼굴이 버선본 위로 떠오르는 것만 같았다. 여인은 두 눈에 맺힌 눈물을 옷고름으로 훔쳤다. 먹물이 다 마르자, 여인은 버선본을 고이 접어 비단으로 만든 버선본 집에 넣었다. 그로부터 며칠 후, 여인이 만든 버선본은 무사히 아버지께 전해졌다.

"어르신, 아씨께서 선물과 버선본을 보내셨습니다."

"우리 막내가 무엇을 보냈다고? 어디 보자. 얼른 이리 다오."

여인의 아버지는 급히 버선본집을 풀어 버선본을 읽기 시작했다.

계유년(1875) 윤 5월 25일 좋을 때에 을축생(1805)이신 부친의 버선본을 만들었습니다. 이 버선본에 맞게 버선을 만들어 신으세요. 내외분 오래오래 사시고 슬하 모든 사람들에게 영화가 가득하길 기원합니다.

여인은 아버지를 걱정하는 마음, 효심(孝心)을 그대로 버선본에 녹인 것이다.

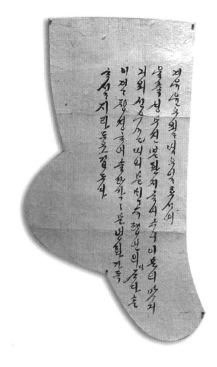

한글 버선본
(연도 미상, 한글박물관 소장)

"우리 막내가 아비를 이토록 걱정해주는구나. 암, 나는 괜찮고
말고."

백발이 성성한 여인의 아버지는 아이처럼 버선본을 끌어안고
울음을 삼켰다.

이처럼 버선본은 주로 여성들이 만들었기 때문에 그들이 즐겨
쓴 한글 글귀가 많았다. 또 버선본에는 사랑하는 가족을 생각했던
여인들의 마음 씀씀이가 한글과 함께 담겨 있다.

10

누구나 쉽게 배우는 거문고 악보집,
『금합자보』

　『금합자보』는 안상(1511~1579 이후)이 1572년에 목판본으로 간행한 거문고 악보집이다. 1561년 안상이 음악행정을 담당하던 관직인 장악원 첨정에 올랐을 때, 장악원 소속 연주자들인 악사 홍선종, 악공 허억봉·이무금 등과 함께 악보집을 편찬했다. 편찬자의 이름을 따서 『안상금보』, 좀 더 줄여서 『금보』라고도 한다. 『금합자보』는 가장 오래된 거문고 악보집으로 보물 제283호로 지정되어 있으며, 조선 전기 음악사와 16세기 국어사 연구의 귀중한 자료다. 현재 간송미술관에 소장되어 있다.

　이 이야기는 『금합자보』의 편찬자인 안상의 생애와 관련 논문, 연구서를 토대로 『금합자보』의 편찬 과정을 역사적 사실에 근거하여 장면화한 것이다.

1561(명종 16)년, 평소 거문고 연주를 즐기던 안상이 장악원 첨정(종 4품)에 올랐다. 본래 안상은 우리나라 최초의 성리학자인 안향의 후손으로 성리학을 연구하고 실천했으며, 친가와 외가 모두 음률을 잘 아는 집안 출신으로 음악에 조예가 있었다. 특히 내재종증조부(7촌)인 성현은 악보 기록방법의 하나인 합자보를 창안했는데, 안상은 합자보의 효용성을 정확히 이해할 정도로 음악적 지식과 안목을 겸비하고 있었기 때문에 적임자였던 것이다.

안상의 관직인 첨정은 장악원의 부책임자로 악인들의 연주 실력을 계절마다 정기적으로 점검하는 일을 했다. 또한 국가 행사의 모든 음악을 담당하던 장악원에서는 수많은 의례에 쓰이는 음악을 소화하기 위해 많은 악인(연주자)들의 음악교육이 철저하게 이루어졌다. 성종 이후로 악공들은 천인 출신 중에서, 악생들은 양인 출신 중에서 선발해 교육했는데, 각 지방에서 선발된 이들은 음력 1, 4, 7, 10월에 악기의 재주를 시험하여 뽑는 취재시험(取材試驗)을 보았다. 시험에 합격한 이후에야 정식으로 연주 활동을 할 수 있었기 때문에 개개인의 실력이 무엇보다 중요했고, 그들을 관리 감독하는 장악원 관리도 특별히 음률에 밝은 사람이 필요했던 것이다.

장악관 첨정에 오르고 얼마 지나지 않아서 안상은 악공들을 시험하기 위해 악보집을 살펴보았다. 마침 음악 이론에도 밝았던 안상은 악보집을 보자마자 이상한 점을 발견했다. 악보가 너무 어렵게 적혀 있었던 것이다.

"허어, 이런! 예전의 합자보(合字譜)는 어디 가고 거문고의 상하

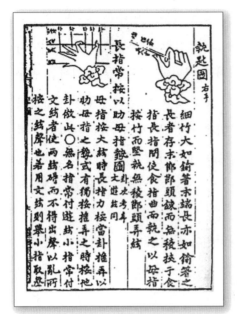

금합자보-집시도(執匙圖)
(간송미술관 소장)

괘(卦, 거문고 줄을 괴는 기둥) 차례만 있는고? 이제껏 음악 이론도 모르는 이들이 장악원 관리로 있었단 말인가? 거문고는 가장 넓은 음역을 가지고 있어서 모든 악기의 우두머리이고, 궁중의 모든 음악에 빠지지 않는 악기인데도 어찌하여 제대로 된 악보가 없단 말인가! 거문고를 연주하는 데 손가락 쓰는 법과 술대 쓰는 기초적인 방법도 없이 어떻게 악인들을 교육해왔단 말인가. 쯧쯧, 악인들의 실력만 탓할 게 아니었구나."

안상이 보기에도 거문고 악보는 악기를 오래 연주해온 사람들조차 보기 힘든 것이었다. 그래서 곡마다 다른 연주법을 익히려면 상당히 많은 시간이 필요했다.

집시법: 한 줄만 뜯으라는 부호

현법: 셋째 줄인 대현을 표시한 글자

괘 순서: 다섯 번째 괘를 표시한 글자

지법: 왼손 모지의 약자

합자보(출처: 한겨레음악사전)

"자세한 연주 방법이 없는데, 제대로 된 연주가 될 수 있나! 이것으론 어림도 없지! 실제 연주법에 따라 다시 만들어야겠어!"

합자보는 거문고나 가야금, 비파 같은 현악기를 위한 기보법을 말하는데, 음이름을 표시하지 않고 연주하는 방법을 기록한 것이다. 즉 왼손으로 줄 짚는 법과 오른손으로 연주하는 방법, 그리고 줄 이름과 괘의 순서 등을 표시하는 글자를 부호나 약자로 만들어 이들을 합해 표기했다. 마치 훈민정음(한글)이 초성·중성·종성으로 이루어지고 이들이 합쳐져야만 한 음절인 소리를 낼 수 있듯이, 여러 가지 요소를 한꺼번에 표기하는 것이다.

"합자보는 연주법을 아주 자세하게 기록해서 악보를 보고 혼자서도 악기를 연주할 수 있는데, 왜 이런 악보를 사용하지 않는 것인지 알 수 없군."

안상은 합자보의 편리성을 누구보다 잘 알고 있었다. 그리하여 안상은 합자보의 기보체계를 바탕으로 악곡을 다시 정리해 기록하고, 성현이 편찬한 『악학궤범』을 인용하여 새로 편찬하는 작업을 생각했다. 그 후 그는 곧바로 장악원에 있는 기존의 악보를 대대적으로 수정하는 작업에 들어갔다.

"우리나라의 악기는 구음이라고 해서 입으로 그 고유 소리를 흉내 내는 방법이 있고 악기에도 고유의 소리가 있으니, 악기 소리를 한글로 표기하여 사람들이 쉽게 익힐 수 있도록 하라."

안상은 실제 연주할 때 악기에서 나는 음을 악보에 기록하는 방법을 택한 것이다. 그것은 각 악기에서 나는 소리와 가장 가까운 음을 한글로 기록해두고, 악기를 처음 연주하는 사람도 그 글자와 같은 소리를 내서 음을 익히도록 한 것이었다.

줄을 울려 소리를 내는 현악기나 대나무 관을 통해 소리를 내는 관악기는 연주할 때 나는 소리가 다르고 그것을 표현하는 구음도 매우 다양했다. 또한 그 음은 한자로는 표기할 수 없고 오직 한글로만 표기할 수 있었다. 그리하여 악보 수정 작업은 음악 이론에 밝고 악기 연주에 능숙한 이들이 담당하도록 했다.

"악사 홍선종은 지금까지 나온 곡조를 모으고 약간의 악보를 보태 기존의 합자보를 고쳐 내도록 하라. 또한 악공 허억봉과 이무금은 각각 적보와 장구보를 만들되, 실제 연주를 바탕으로 가사와 구음을 함께 기록하도록 하라."

악사 홍선종은 음악 이론에 뛰어나고 기보법에도 통달한 사람이었다. 또한 악공 허억봉과 이무금은 각각 젓대(대금)와 장구 실력이 뛰어난 사람들이었다. 이들은 실제 연주를 바탕으로 악기를 연주할 때 나는 소리를 구음으로 표기해 음의 기준을 정했다. 그리하여 거문고 같은 현악기의 경우는 다음과 같이 표기했다.

〈줄의 수에 따라〉	〈손가락 짚는 방법에 따라〉
한 음을 낼 때	딩, 동, 당, 둥, 징
두 음을 낼 때	살갱, 사랭
연속음을 낼 때	슬기덩, 슬기둥, 슬기등

또 가장 굵은 줄을 각각 가운뎃손가락, 집게손가락, 엄지손가락으로 짚을 때 나는 소리를 '뎡, 둥, 등'으로 표기했다. 이처럼 구음은 괘가 변해도 바뀌지 않았기에 모두 다른 소리로 표기할 수 있었다.

입으로 불어 소리를 내는 관악기는 주로 '라, 루, 러, 로, 르, 리, 노니때, 띠시레, 난시루' 등의 소리가 나는데, 그것을 구음으로 표기했다. 장구의 경우는 오른손의 채와 왼손의 북편을 한꺼번에 칠 때 나는 소리인 '떵', 오른손의 채로 칠 때 나는 '덕', 왼손바닥으로 왼편의 북편을 칠 때 나는 '쿵', 그리고 오른손의 채로 오른편을 굴릴 때 나는 소리인 '더러러러'라는 구음으로 표기했다. 이렇게 해서 1501년에 제대로 된 거문고 악보집인 『금합자보』를 편찬할 수 있었다.

하지만 다른 책과 달리 거문고 구조와 조율 방법, 음악 이론, 손가락 사용법 등을 그림으로 그렸기 때문에 출판하기까지는 오랜 시간이 걸렸다.

『금합자보』를 편찬하고 10여 년이 지나 안상이 함경도 덕원부사로 있을 때였다. 음악에 대한 열정이 아직 식지 않았던 안상은 어떻게 해서든 『금합자보』를 꼭 간행해서 여러 사람이 쉽게 보고 배울 수 있도록 해야겠다고 마음먹었다. 그렇지만 개인이 책으로 출판하는 것은 쉬운 일이 아니었다.

"나리, 책을 출판하는 일은 많은 비용이 들고 글자를 새기고 활자를 만들 각 분야의 장인들이 필요한데, 어떻게 충당하시렵니까?"

"그건 내가 관의 물적·인적 자원을 총동원해서라도 마련해보겠네. 거문고는 악인들뿐만 아니라 선비들이 학문을 닦고 정신을 수양하는 도구이기도 하지. 그러니 누구나 쉽게 익힐 수 있어야 하고 교재도 꼭 필요하다네."

음악에 대한 열정이 가득했던 안상은 가능한 방법을 총동원했다. 그리하여 안상은 1572년에 목판본으로 『금합자보』를 간행했다. 출판하는 데는 많은 비용과 노력이 필요했기 때문에 책으로 엮은 지 10여 년이 흐른 뒤에야 간행되고 널리 보급될 수 있었던 것이다.

거문고를 처음 익히는 사람에게 합자보가 얼마나 편리한 악보였는지 안상은 책의 서문에 다음과 같이 기록했다.

궁벽한 먼 시골 외딴 곳에서 거문고를 배우고자 하는 뜻이 있어도 가르쳐줄 스승이나 벗을 얻지 못한 사람이 이 악보를 구해 본다면 곧 밝은 스승이 옆에서 하나둘 가르쳐주는 것과 같아 어려움이 없을 것이다.

이처럼 음악 이론에도 밝았고, 거문고 연주도 즐겼던 안상은 악보란 누구나 볼 수 있고 혼자서도 악기를 연주할 수 있어야 한다는 생각에서 『금합자보』를 완성했다. 특히 안상은 향촌 사회에서 성리학적 사회질서의 정착과 풍속의 교화라는 맥락에서『금합자보』를 출판해 보급하는 데 힘썼다. 그래서『금합자보』는 악보의 음을 표시하거나 악기를 연주하는 방법의 설명에서 한자와 한글로 기록하는 방식을 결합하여 누구나 쉽게 익힐 수 있는 가장 오래된 악보집이 되었다.

11

최초의 가집,
『청구영언』

　　『청구영언』은 조선 후기 가객이었던 김천택(1686~?)이 1728년에 엮은 최초의 시조집(가사집)이다. 이 책은 고려 말부터 편찬 당시까지 총 580수의 시조 를 악곡별로 모아 한글로 기록하여 엮은 것으로, 후대의 시조문학과 가악의 발달, 가집 편찬에 큰 영향을 주었다. 이본이 여러 권 전하나, 원본으로 추정되는 것을 '진본(珍本)'『청구영언』이라 한다. 1948년 조선진서간행회에서 진본『청구영언』을 인쇄한 뒤 통문관에서 소장하고 있다.

　　이 이야기는 김천택의 생애와 그가 교유했던 인물들 및 그 당시의 음악사를 바탕으로『청구영언』의 편찬 과정을 이야기 형식으로 쉽게 풀어 쓴 것이다.

숙종에서 영조 때에 살았던 김천택은 원래 포도청의 포교였지만, 음악적 재능이 뛰어나 가객이 되었다. 어려서부터 총명하여 시 삼백 편을 외웠고, 노래도 한번 들으면 쉽게 따라 부를 정도였다. 또한 그는 노래 수집벽이 있었는데, 포교로 근무할 때도 포졸들과 함께 기방이 있는 광통교 부근으로 순찰을 나갔다가 유행하는 노래나 새로운 선율의 노래를 듣게 되면 꼭 악보를 얻어 자신만의 노래를 완성했다.

당시에 유행하던 노래인 시조는 두 가지 방식으로 불렸다. 하나는 장고 반주나 무릎장단으로 부르는 시조창이었고, 다른 하나는 거문고나 가야금, 피리, 대금, 해금, 장고 등으로 편성된 관현악기 반주에 맞춰서 노래하는 가곡창이었다. 특히 가곡창은 노래 부르는 가객이 북이나 장고 장단이 아닌 거문고 반주에 맞춰 불러야 했기 때문에 음악에 뛰어난 재능이 있는 사람들만 부를 수 있었다.

그즈음 한양에서는 가객(성악가)과 악기 연주자(반주자)들이 호흡을 맞춰 부르는 가곡창이 유행하면서 양반들의 풍류 모임이나 잔치 자리에서 공연하는 일이 많아졌다. 노래 부르길 좋아해 가객이 된 김천택도 거문고 반주에 맞춰 부르는 가곡창을 부르며 노래를 듣는 사람의 감정 상태에 따라 각기 다른 노래로 감동을 주고 심금을 울리기 시작했다.

"이야, 김 가객의 노래는 빠른 것은 어찌나 쓸쓸하고 구슬프며, 느린 것은 이다지도 여유롭게 한단 말인가! 마치 길짐승과 새가 구름을 멈추듯, 회오리바람이 소낙비를 몰아올 듯하구나! 홀아비나 과부가 눈물지으면 위로해주고, 지체 높은 사람들의 오락에는 즐거움을 더해주지 않는가. 게다가 울분에 찬 사람들에게는 답답한 마음까지 다스리게 하는구나!"

이처럼 한번 노래를 들은 사람들은 김천택에게 흠뻑 빠져들었다. 그 후 김천택은 원래 있던 노래를 새로운 방식으로 바꿔 부르기도 하고 직접 노래 가사도 지어서 부르기도 하는 등 새로운 음악을 만들어 연주하기도 했다. 어느새 그는 전국 방방곡곡에 이름이 알려질 정도로 유명해졌다.

그런데 가객이 부르는 가곡창은 반드시 악기 반주에 맞춰 불러야 했기 때문에 악공이 없는 곳에서는 노래 부르기가 힘들었다. 그래서 풍류 모임이 열리면 으레 가객과 악기 연주자가 함께 초청되었다. 또한 당시에 장악원 악공들은 궁중의 공식 행사 외에도 여항의 각종 연회에 참석하여 자신의 재능을 팔고 있었다. 거문고 연주는 양반들의 취향에도 으뜸이었기 때문에 김천택도 장악원 악사였던 거문고 명인 전만제와 '아양지계(峨洋之契)'를 맺고 공연을 다녔다.

"전 악사(전만제)의 거문고 연주와 백함(김천택의 자)의 노래는 근래 보기 드물게 맑고 청아하니, 귀신도 감동시킬 정도로 맑고 화기로움이 드러나는구나!"

그들의 음악과 노래는 우울하고 병들어 쓸쓸함을 달랠 즐거움이 없을 때, 한번 들으면 우울한 감정도 말끔히 씻어내줄 정도였다.

이렇게 점점 노래 부르는 공간이 늘어나자, 가객들을 초청하는 곳도 더욱 많아졌다. 또 당시엔 고려 말부터 사대부들이 지은 평시조를 빠른 곡조인 삭대엽에 맞춰 부르는 것이 유행했다. 삭대엽은 전통 성악곡의 하나를 말하는데, 삭대엽의 변주곡이 새롭게 나타나면서 그에 맞는 가사도 많이 필요해졌다.

"사대부들이 지은 시조는 풍류적 서정이나 윤리, 도덕을 읊은 것이 많고 정신적 수양을 강조하는 우아하고 아름다운 음악만 중요시해 듣는 이의 감흥을 일으키지 못하고 있구나. 가객들도 여전히 주로 자신이 확보한 몇 작품의 노래 위주로 공연할 뿐이니…… 우리 삶의 진솔한 감정을 담은 노래는 모두 구전으로 전해지니 안타까운 일이야. 악보에 옮겨 기록해놓으면 가객들도 쉽게 익히고 후세에도 전할 수 있을 것이야."

김천택은 가객들이 가창의 교습과 전승이 체계적으로 이루어지지 않고 있다는 사실을 발견하고 이를 해결할 수 있는 방법을 고민했다. 그것은 바로 당시에 노래로 부를 수 있는 것들은 모두 모아 책으로 엮는 것이었다. 그리하여 사람들의 인간적이고 진솔한 삶이 묻어나는 노래와 곡조를 당시의 감각에 맞는 새로운 소리와 가락에 담아내고자 했다.

"고려 말부터 시조가 처음 나왔으니, 그 당시의 노래는 모두 우리나라 말로 이루어진 노래라 할 수 있지. 그러니 고려 말부터 불린 노래가 진정한 우리의 노래야."

그 후 김천택은 고려 말부터 나온 시조를 모으기 시작했다. 당시에는 지배계급으로 문화를 주도하던 사대부들의 시조 작품을 연행 현장에서 주로 불렀는데, 그런 작품뿐만 아니라 황진이 같은 기녀, 역관이나 서리 같은 여항인, 가객 등 다양한 계층까지 확대했다. 또 구전되는 노래 중에서 감상하고 수록할 만한 것이라면 이를 구하기 위해 노력했다.

그 당시 가객들 중에는 가창자이면서 작곡가로 활동했던 사람들도 있었는데, 김유기도 그런 사람 중의 하나였다. 그래서 1716년 여름에 김천택은 당대의 명창이자 창곡의 명인이었던 김유기를 찾아가 악보를 구하고자 했다. 다행히 친분이 있었기 때문에 악보를 쉽게 구할 수 있었다. 자신이 작곡한 악보를 상자 속에 보관하고 있던 김유기는 김천택에게 그것을 건네며 이렇게 말했다.

"잘못되었거나 불충분한 곳이 있으면 고쳐주시오."

김천택도 김유기가 건네준 가집에서 가보 1편을 꼼꼼히 살펴보았다. 하지만 모두 음률에 맞아 감히 군더더기를 덧붙일 필요가 없었다. 또한 그에게서 당대의 거문고 명인이었던 김성기의 작품 전편도 얻을 수 있었다. 김성기의 작품 중에는 황진이의 시조에 곡을 붙여 새로운 작품으로 만든 것도 있었다.

어져 내 일이야 그릴 줄을 모로ᄃ냐
이시라 ᄒ더면 가랴마ᄂ 제 구ᄐ야
보내고 그리ᄂ 情(정)은 나도 몰라 ᄒ노라

한편, 당시 무명씨들이 지은 사설시조는 기존의 평시조와는 다른 양식으로 유통되고 있었다. 바로 삭대엽에서 파생된 곡조로 불렀던 것이다. 그래서 김천택은 사설시조를 '만횡청류'라고 하며, 두 곡조를 합쳐서 하나의 곡조로 부르는 가곡 창법으로 부를 수 있도록 정리해 놓았다. 이렇게 모은 작품은 가객들이 편리하게 이용할 수 있도록 악곡별로 나누고 나서 다시 유명씨와 무명씨 작가로 나누었다. 이윽고 김천택은 사대부뿐 아니라 기녀나 일반 백성이 지은 시조나 가사, 시조보다 긴 사설시조도 새로운 곡조에 맞는 노래로 불리는 것들은 모두 모았다. 이처럼 김천택은 명성이 자자한 음악가라면 오랜 수소문 끝에 작품을 찾아내는 등 심혈을 기울여 자료를 모았다.

오랜 시간에 걸쳐 수집하고 정리해온 작품들을 한데 모은 김천택은 가집에 들어갈 발문과 서문을 당대의 문장가에게 받고 싶었다. 그래서 1727년 왕실의 종친이자 18세기 전반기에 활발히 활동한 문학 비평가 이정섭에게 책에 대한 평가와 편찬경위 등을 담은 발문을 부탁했다. 또 이듬해 1728년에는 중인이자 뛰어난 문인이었던 정래교에게도 서문을 부탁해 가집의 내용을 간략히 서술하게 했다. 이들은 모두 우리 것의 소중함과 아름다움을 강조하는 김천택의 노력을 높이 평가했다. 김천택 자신도 가집을 편찬한 이유에 대해 다음과 같이 적어놓았다.

우리나라 사람들이 지은 노래와 곡조는 우리말을 전적으로 사용하고 사이에 문자를 사용한 것이 있으나, 모두 언문으로 된 책으로 세상에 전한다. 대체로 그 나라 말을 사용하는 것은 그 나라 풍속에 기인한다. 우리가 언문으로 기록한 노래와 곡조는 중국의 노래와 곡조를 기록한 악보와 비교할 수 없다고 하지만, 그 가운데 보고 들을 만한 것이 있다.

소위 중국의 노래는 예전의 음악과 요즘의 소리를 관현 반주에 맞추어 하는 것이다. 우리나라에서 나온 소리는 우리 글자에

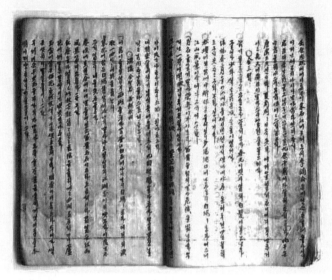

『**청구영언**』(한국민족문화대백과사전 수록)

맞춘다. 중국과 다르지만 그 속에 우리의 정경이 있고, 노래와 반주가 조화되며, 감상자로 하여금 감탄하면서 마음이 동화되어 손발이 춤을 추게 하는 것은 동일하다.

김천택은 일부 계층에 한정된 것이 아니라, 옛날에 불렀던 노래와 현재 대중이 부르는 진솔한 삶의 노래를 한글로 기록했는데, 그것은 우리의 소리를 우리의 글자로 맞추기 위한 것이었다. 그리고 그 바탕은 조선에서 살아가는 일반 백성의 삶이 투영된 노래를 찾고자 했다.

마침내 1728년 영조 4년에 이르러 가집을 완성했다. 가집 이름은 『청구영언』이라 지었다. '청구'는 우리나라를 말하고 '영언'은 노래를 뜻하는 것으로, '우리나라의 노래'를 모았다는 뜻이다.

현재 『청구영언』은 『해동가요』, 『가곡원류』와 함께 우리나라 3대 가집으로 꼽힌다. 이 중 『청구영언』은 지금까지 알려진 가집 가운데 최초의 가집으로, 당시까지 구전되던 시조를 한글로 기록하여 정착시켰다. 그리하여 후대의 가악 발달과 가집 편찬에 큰 영향을 주었다.

12

한글 소설의 꽃,
『완월회맹연』

『완월회맹연』은 18세기 이씨 부인이 지은 것으로 추정되는 180권 180책의 한글 소설이다. 이씨 부인은 궁중에까지 알리기 위해 140명이 넘는 등장인물과 4대에 걸친 여러 가문의 이야기가 담긴 대하소설을 지었다고 한다. 이 책은 현재 한국학중앙연구원, 서울대 중앙도서관, 연세대 도서관, 이화여대 도서관 등에서 소장하고 있다.

이 이야기는 『완월회맹연』 관련 기록과 최근의 연구 성과를 토태로 작품의 창작 과정을 이야기 형식으로 만들어낸 것이다.

18세기, 이씨 부인은 명문 집안인 이언경과 안동 권씨의 막내딸로 태어나 안개에게로 시집간 양반가 여성이었다. 일찍부터 여사(女士)의 풍모를 갖추었다고 할 정도로 학문에 조예가 깊었지만, 단지 여성이라는 이유만으로 평생 규방에서 살아야 했다. 그래서 이씨 부인은 한글 소설을 즐겨 읽는 것으로 갖은 설움과 고충을 해소하며 답답함을 달랬다.

"정말 대단하구나! 나도 이처럼 사람들의 심금을 울릴 수 있는 소설을 쓰고 싶구나!"

이씨 부인은 책장을 한 장 한 장 넘기며 웃기도 하고, 울기도 하고, 때로는 분노하기도 하며, 겨우 하나의 소설을 읽었음에도 세상의 온갖 인간사를 모두 겪은 것만 같았다. 책장을 덮은 이씨 부인의 마음속 깊은 곳에서 뜨거운 열정이 용솟음쳤다.

'나도 이런 소설을 써서 궁중에 흘려보내 명성을 얻으리라!'

이씨 부인은 누구라도 감탄해 마지않는 조선 최고의 소설을 써내고 싶었다. 그녀는 궁중에서 자신의 소설이 읽히는 것을 목표로 삼았다. 왜냐하면 당시 왕후와 후궁을 비롯한 궁중 여인들은 한글 소설의 열렬한 애독자였으므로 이들의 마음에 들면 지원을 받는 것은 물론이고 궁중 서고에 소장되는 영광을 누릴 수 있었기 때문이다. 이같이 조선시대에는 포부를 가진 재능 있는 여성들이 소설 창작에 직접 뛰어들면서 수준 높은 소설 문화를 만들어나갔다.

그로부터 몇 년 뒤였다. 광통교 세책가는 양반가의 종, 아이를 업은 아낙네, 상인 등 다양한 계층의 사람들로 북새통을 이루었다. 세책가란 돈을 받고 책을 빌려주는 조선시대의 도서 대여점이었다.

책장에는 『구운몽』, 『소현성록』, 『소대성전』, 『사씨남정기』, 『설인귀전』 등 족히 수백 종이 넘는 책들이 꽂혀 있었고, 사람들은 한두 푼의 돈 또는 물건을 담보로 맡기고 원하는 책을 빌려갔다.

"주인장, 『완월회맹연』 97권에서 100권까지가 안 보이는데, 어디 갔소?"

"완월 말이오? 방금 종로 이 판서 댁에서 빌려가서 이미 없수다. 다음 차례를 기다리쇼."

사람들이 찾는 『완월회맹연(玩月會盟宴)』은 '완월대에 모여 인연을 맺고 잔치를 벌이다'라는 제목의 소설이었다. 완월대에서 맺은 인연을 시작으로 정씨 가문의 아들, 손자, 증손자 4대에 걸쳐 이야기가 진행되었다. 무려 140명이 넘는 인물이 등장하는 이 소설은 정씨 가문의 가장인 서태부인이 중심이 되어 가문을 관리하는 가운데, 아들 정잠과 손자 정인광 등의 자식들과 만만찮은 아내들의 부부 갈등, 속물적인 사돈 장씨 가문, 정씨 남성들의 화려한 전쟁담, 여러 여인들의 안타까운 사랑 등이 실타래처럼 얽히고설켜 인간사의 희로애락을 모두 담아냈다.

"아이고, 소교완 그 나쁜 여자가 어떻게 벌 받을지가 궁금하단 말이오. 그동안의 악행을 하나하나 떠올려봐도…… 참말로 속 터지겠소."

"하하, 그 마음 이해하오. 조금만 기다리소."

사람들은 『완월회맹연』의 방대한 분량과 놀랄 만큼 복잡하고도 세세한 이야기에 혀를 내둘렀다.

마침내 완월은 인기소설의 반열에 올랐고, 소문은 돌고 돌아 드

『완월회맹연』 표지(진서각 소장)

디어 궁중에까지 들어갔다. 호기심이 생긴 왕후는 『완월회맹연』을 가져오라고 명했다. 한참 동안 손에서 『완월회맹연』을 놓지 않던 왕후는 탄성을 자아냈다.

"이토록 훌륭한 소설을 써낸다면 세상의 어느 누구라도 푹 빠져들 것이다. 이 책의 저자가 누구더냐?"

"예, 안개의 아내인 이씨 부인이라 하옵니다."

"그렇더냐? 그 부인에게 후한 포상을 내리고, 나인들을 시켜 이 책을 필사하거라!"

책을 읽고 만족스런 표정을 지은 왕후는 『완월회맹연』을 필사하라고 명했다. 마침내 이씨 부인의 소원이 이뤄진 것이었다.

그렇게 많은 사람들의 인기를 한 몸에 받던 이씨 부인은 예상치 못한 사건에 급작스럽게 휘말렸다. 이씨 부인의 오빠인 이춘제가 누군가의 모함으로 억울하게 옥에 갇힌 것이다. 그뿐만 아니라 몇몇 가족들이 죽고 온 집안이 풍비박산이 나버렸다. 연이어 닥친 비극으로 충격에 휩싸인 이씨 부인은 시름시름 앓았으며, 소설 창작을 중단할 수밖에 없었다. 결국 이씨 부인은 숨을 거두었고, 영영 끝날 것 같지 않았던 『완월회맹연』은 180권 180책을 끝으로 막을 내리게 되었다.

비록 이씨 부인의 인생은 비극으로 끝났지만, 그녀가 쓴 『완월회맹연』은 그 당시의 수많은 사람들을 즐겁게 했다. 소설의 황금기였던 18세기에 등장한 수많은 소설 가운데에서도 『완월회맹연』은 유난히 돋보였던 한글 소설이었다. 마치 오늘날의 대하드라마를 보는 듯한 180권이라는 방대한 분량과 그 속에 담긴 수많은 인물들의 이야기에 매료된 사람들은 『완월회맹연』을 꾸준히 찾아 읽곤 했다. 이러한 이야기가 한글로 쓰인 덕분에 수많은 백성과 아녀자들, 심지어 왕가의 여인들까지 너 나 할 것 없이 읽으며 독서의 즐거움을 공유할 수 있었던 것이다.

3

국민의 문자가 되다

최초의 한글 천주교 교리서, 『주교요지』

불길 속에서 살아남은 한글본 『성경직해』

한글로 탄생한 베스트셀러, 『천로역정』

프랑스 신부가 처음 만든 한글 사전, 『한불자전』

최초의 현대적인 국어사전의 원고, 「말모이」

조선 민중의 눈과 귀가 된 한글신문, 『대한매일신보』

최초의 한글 문법 연구서, 『국문정리』

주시경의 한글 문법서, 『국어문법』

시각장애인의 눈을 밝힌 글자, 훈맹정음

헐버트가 만든 한글 세계지리 교과서, 『사민필지』

개화기에 처음 만든 근대 국어 교과서, 『국민소학독본』

해방 후 처음 만든 국어 교과서, 『초등국어교본』

대한민국에서 최초로 정한 공식 국어 교과서, 『바둑이와 철수』

조선시대 말에서 대한제국 시기까지를 구한말이라고 한다. 이 무렵 조선은 그야말로 혼란기였다. 미국·프랑스·러시아 등 서양 세력과 천주교·기독교를 비롯한 종교의 등장으로 나라에는 개화의 움직임이 일어났다.

외국인 선교사들은 한글로 성경을 번역하여 한글 성서를 만들었고, 일부 선교사들은 한글을 연구하여 사전도 펴냈다. 조선인 중에는 서양 종교와 관련된 책을 순 한글로 쓰기도 했다.

1894년 갑오개혁이 일어난 이후 고종은 나라의 이름을 대한제국으로 바꾸며 '국문 칙령'을 반포했다. 이는 그동안 비공식 문자로 취급받던 한글을 공식 문자인 '국문'으로 인정한 의미있는 일이었다. 이후 한글에 대한 관심은 더욱 커졌고, 지식층에서 한글 연구가 활발히 일어났다. 말과 글을 일치시키는 '언문일치'와 한글과 한문을 함께 쓰는 '국한문 혼용', 한글만 쓰는 '한글 전용' 등의 움직임이 일어났다. '하나의 글', '큰 글'이라는 의미의 '한글'이란 이름도 이 무렵 에 등장했다.

그 후 1945년까지 이어진 일제강점기로 나라의 상황은 어려웠지만, 한글은 자주적 힘을 대표하는 글자로 민중 사이에 우뚝 섰다. 비록 일제가 학교에서 우리말과 우리글을 가르치는 것을 금지하고, 한글로 된 책의 출판을 막았으나, 사람들은 한글 사용을 멈추지 않았다.

오히려 한글로 쓴 신문은 우리 민족의 눈과 귀가 되어 일제를 경계했고, 독립운동과 민족 교육에 힘을 실어주었다. 한글로 쓴 교과서가 등장했고, 시각장애인을 위한 한글 점자도 만들어졌다.

제3부에서 살펴볼 13점의 유물은 이러한 암흑의 시대에 큰 버팀목이 된 한글 유물이다. 『주교요지』, 한글본 『성경직해』, 『천로역정』, 『한불자전』, 「말모이」, 『대한매일신보』, 『국문정리』, 『국어문법』, 훈맹정음, 『사민필지』, 『국민소학독본』, 『초등국어교본』, 『바둑이와 철수』 등이 이 시기의 대표적인 유물들이다. 이들은 이 땅을 지켜낸 우리 문자 한글의 가치를 고스란히 담고 있다.

최초의 한글 천주교 교리서,
『주교요지』

『주교요지』는 조선 후기 학자이자 천주교 순교자인 정약종(1760~1801)이 1790년대 말에 한글로 쓴 최초의 천주교 교리서다. 온전히 한글로만 기록했기에 계층을 불문하고 많은 이들이 읽었다. 현재 절두산순교기념관에 소장되어 있다.

다음 글은 『주교요지』와 관련한 연구서와 정약종의 일화, 추조적발 사건을 바탕으로 그 제작 과정을 이야기로 재현한 것이다.

조선 후기 실학자 정약용에게는 정약현, 정약전, 정약종이라는 세 형이 있었다. 그중 셋째 형인 정약종은 다른 형제들과 달리 가장 늦게 천주교를 믿었지만, 조선의 역사를 바꾼 최초의 한글 천주교 교리서를 남겼다.

이야기는 1785년 봄에 시작된다. 도둑이나 화재에 대비하고자 마을의 순라를 돌던 나졸들이 부리나케 한 선비의 집으로 쳐들어갔다.

"국법을 어긴 죄인들이다! 모조리 잡아라!"

선비의 집은 순식간에 아수라장이 되었다. 요란한 소리에 놀라 모여든 구경꾼이 저마다 말문을 열었다.

"무슨 일이랍니까? 도박꾼이라도 잡았대요?"

"그게 말입니다. 도박꾼이 아니라 사학쟁이랍니다."

때마침 포승에 묶인 10여 명의 양반이 문밖으로 끌려나왔다. 그 가운데는 정약전, 정약종, 정약용 삼형제가 포함되어 있었다. 이들 삼형제는 중국에서 들어온 천주교의 교리를 기록한 서학서를 통해 천주교를 믿고, 교인이 되어 모임을 갖던 중 체포되었다. 당시 조선은 천주교를 사악한 학문이라 하여 '사학(邪學)'이라 부르고 이를 경계했다. 그리고 천주교를 믿는 사람들을 '사학쟁이'라고 부르며 잡아들였다.

정약용 형제들이 '사학쟁이'로 붙들렸다는 소식이 정조 임금에게 전해졌다.

"뭐라? 어찌 그 가운데 정씨 형제들이 있었단 말인가!"

정조의 얼굴에 근심이 쌓였다. 아끼는 학자이자 신하인 정씨 형제들이 사학을 믿는다는 소식은 날벼락과도 같았다. 정씨 형제를 달가워하지 않는 반대파에게 이번 일은 정씨 형제를 내쫓을 빌미가 될 지도 모르기에 정조는 난감했다. 고심 끝에 정조는 유학이 바로 서면 사학은 저절로 소멸될 거라 말하며, 사건의 주모자만 유배시키고 정씨 형제들을 풀어주었다.

그 후 이 사건은 정약종이 학문이 아닌 신앙의 길로까지 깊이 들어서는 계기가 되었다. 천성이 곧고 모든 일에 정성을 다하는 성품을 지녔던 정약종은 '아우구스티노'라는 세례명을 받고 천주교도로서의 충실한 삶을 살았다.

하루는 얼마 전 교인이 된 선비가 정약종에게 조심스레 속삭였다.

"아우구스티노, 소식 들으셨소? 전라도 선비가 사형을 당했답니다. 제사를 폐하다 그리된 듯합니다. 우리도 몸을 조심해야 할 것 같소이다."

정약종은 선비의 어깨를 다독였다.

"형제님, 두려워하지 마십시오. 언젠가 사람들은 천주를 따르게 될 것입니다. 우리를 사학쟁이라 부르며 세상을 어지럽힌다고 하지만, 이것은 그들이 천주를 모르기 때문입니다. 그들에게 천주의 가르침과 교리를 제대로 전달한다면 세상은 달라질 것입니다. 그러니 굳게 믿읍시다. 천주께서 길을 인도하실 겁니다."

차분히 말을 마친 정약종은 서학서를 읽는 데 정신을 집중했다. 이 무렵의 서학서는 대부분 중국에서 들어온 서학서를 한문으로 번역한 책이었다. 외국어를 한문으로 번역한 탓에 교리의 사례나 비유가 조선의 상황과 맞지 않는 부분이 많았다. 다양한 서학서를 읽

『주교요지』 목판(절두산순교기념관 소장)

으며 천주교를 탐독했던 정약종은 조선에 맞는 교리서가 없음을 고
민했다.

'번역된 서학서만으로는 천주의 진리를 조선인에게 온전히 전
할 수 없다. 세상의 비판에 맞서 천주를 알려야 한다. 우리 조선인에
게 맞는 사례와 논리로 가르침과 교리를 전하자. 어쩌면 이것이 학
자인 내게 내려주신 주님의 뜻일 것이다. 양반만이 아니라 어려운
처지의 모든 사람들이 쉽게 읽을 수 있도록 언문으로 교리서를 만
들어보자.'

이렇게 결심한 정약종은『천주실의』를 비롯한 서학서를 모두 모
아 연구하고, 천주교의 교리를 정리했다.

"천주를 이해하려면, 먼저 바른 이해를 위해 묻고 답하고, 천주의 말씀과 계시를 알려주어야 한다."

정약종은 교리를 정리하면서 부족한 부분은 천주학자로서 자신의 경험과 의견을 덧붙였다.

제1절 창조주 하느님

세상에 사람이 나기 전에 흔 샹졔섹셔 오직 흐느신 텬쥬라

니르느니 모든 셩신이 그와 비흐지 못흐는도다.

세상에 사람이 태어나기 전 오직 천주만 계셨다.

하니 세상 모든 것이 그에 비할 수 없다.

- 본문 원문 일부

그리고 정약종은 천주교에 대한 기존의 비판이 잘못되었음을 지적하며, 조선 사람들이 이해하기 쉽도록 근거를 들어 묻고 답하는 형식으로 글을 썼다.

한 사람이 묻되,

"원조의 실과(實果) 먹은 죄가 무슨 큰 죄이기에, 그 벌이 이렇듯이 중하고 또 자손에게까지 미침은 어찌 된 것인가?"

대답하되,

"죄악의 경하고 중함이 죄지은 곳이 높고 낮은 데 달렸으니, 말하자면 백성이 원에게 죄를 지었으면 그 형벌이 태장(笞杖)을 받을 것이요, 감사에게 지었으면 형추(刑推)를 당할 것이요, 임금

께 지었으면 죽기를 면치 못할 것이니, 죄는 한 가지라도, 죄지은 곳이 더욱 높을수록 그 형벌이 더욱 중한지라. 이제 원조의 실과 먹은 죄가 무궁히 높으신 천주께 범하였으니, 천주 무궁히 높으신즉 그 죄가 무궁히 중할 것이요, 그 죄가 무궁한즉 그 형벌도 무궁할 것이니, 어찌 무궁한 괴로움을 면하며, 또 만세자손인들 어찌 그 벌을 면하리오? 비유컨대, 사람의 조상이 임금에게 죄를 지었으면 그 자손이 대대로 변방에 충군하고 위노하는 법이 있으니, 원조의 벌이 그 자손까지 연루함을 어찌 마땅치 않다 하리오?"

- 본문 문답의 일부

이렇게 해서 정약종은 1790년대 말에 상편과 하편으로 나누어진 『주교요지』를 완성했다. 상편에서는 천주의 존재를 증명하고 천주교에서 말하는 천당과 지옥을 설명했다. 하편에는 세상이 창조된 것과 예수의 탄생과 고난, 부활 등 천주의 가르침과 계시를 담았다. 정약종의 깊이 있는 탐구로 완성된 『주교요지』는 오로지 한글로 기록되어 사람들에게 쉽게 다가갔다.

특히, 여성들과 하층민들에게 『주교요지』는 천주교를 전하는 좋은 책이었다. 천주교는 '일부일처'라 하여 한 남자와 한 여자의 결혼을 지지했다. 남편의 첩을 인정할 수밖에 없었던 조선 여인들에게 천주교의 주장은 상처받은 마음을 위로하고 신앙의 불을 밝히는 계기가 되었다. 그리고 고난을 겪고 부활한 예수의 이야기와 누구나 평등하다고 말하는 천주교의 가르침은 종살이하는 노비들에게도 호응을 얻었다. 이런 상황에서 한글로 완성한 『주교요지』는 남녀노소, 여러 계층에게 환영받았고, 하층민에게 복음을 전하는 책으로 조직적인 교회 활동에 도움을 주었다.

비록 정약종은 1801년 천주교 탄압 때 붙잡혀 사형을 당했으나, 그가 남긴 『주교요지』는 최초의 한글 천주교 교리서라는 이름으로 지금까지도 찬사를 받는다.

2

불길 속에서 살아남은
한글본 『성경직해』

『성경직해』는 천주교 성경 주석서로 성경에 설명을 달아 풀이한 책이다. 한글로 쓰였다고 해서 한글본 『성경직해』라 한다. 1636년 천주교 선교사 디아스(Diaz)가 한문으로 번역하여 쓴 '동전한문서학서『성경직해』'를 바탕으로 역관이었던 최창현(1759~1801)이 1790년대에 한글로 번역했다고 추정한다. 이 책은 개화기 무렵 국어의 모습을 보여주는 것으로, 현재 한국교회사연구소에서 소장하고 있다.

다음 글은 역관 최창현이 한글본 『성경직해』를 번역했다는 연구 내용을 토대로 최창현의 삶과 한글본 『성경직해』 번역 과정을 이야기로 재현한 것이다.

1784년 겨울, 조선 사람들은 천주교에 대한 반감도 있었지만, 서양에서 건너온 선교사들에게 비밀리에 세례를 받기도 했다. 그리고 세례를 받은 천주교인들을 중심으로 천주교 집회와 서학서 모임이 열렸다.

그때 최창현은 '요한'이라는 세례명으로 활동했다. 역관 집안에서 태어난 최창현은 이벽에게 천주교 교리를 배워 입교했다. 최창현은 배움에 대한 열망이 커 여러 천주교 학자들과 교류했고 서학서 모임에도 참석했다. 이 모임은 천주를 믿는 사람들이 성경에 관한 책을 읽고 토론하는 모임이었다. 모임을 주도하던 선교사가 최창현에게 따로 남도록 부탁했다.

"요한, 이 책을 한번 번역해보는 것이 어떻겠습니까?"

"이것은 디아스 선교사께서 쓰신 『성경직해』가 아닙니까? 이것을 어찌 감히 제가……."

"요한이라면 한글로 잘 번역하리라 믿습니다. 하느님을 알고 싶어도 책들이 모두 한문으로 쓰인 탓에 엄두도 못 내는 사람들이 많습니다. 그들에게도 복음의 문이 열려야 합니다."

최창현은 역관이었기에 한문과 한글 모두에 능통했다. 그러나 영민하고 뛰어난 능력에도 불구하고 중인 신분이라는 이유로 차별을 받곤 했다. 이를 잘 알고 있던 선교사는 최창현의 능력을 높이 샀다. 두려운 마음이 밀려왔지만, 최창현은 자신이 신앙을 얻으며 느꼈던 감격과 자유를 다른 사람에게도 알려주고 싶었다.

'그래, 이 책을 읽은 다른 누군가도 나처럼 삶이 달라질 수 있어! 부족한 실력이지만 한문을 한글로 옮겨보자!'

책을 손에 꼭 쥔 최창현은 그날부터 번역 작업을 시작했다. 하루는 선교사가 최창현을 불렀다.

"요한, 번역은 잘 마무리되고 있습니까? 요즘 계속 책에만 매달리고 있다고 들었는데, 좀 쉬엄쉬엄 하세요."

"감사합니다, 선교사님. 최선을 다하고는 있으나 한글로 풀어 쓰는 것이 쉽지 않은 것 같습니다. 무엇을 어찌해야 할지 조금 막막한 부분들이 있습니다."

"신자들이 읽기 편하게 하는 것이 제일일 것입니다. 그러자면 예배의 순서나 성경 읽는 방법 등을 조선말로 적어 신자들에게 알리는 것이 좋을 것입니다."

"아, 그럼 주일과 기념일을 잘 지내도록 설명을 넣어야겠네요. 성경 내용에 따라 하나하나 제목을 나누고 날짜별로 읽도록 하면 어떨까 하는데, 선교사님 생각은 어떠신지요?"

"그것도 좋은 생각입니다. 날짜별로 읽을 수 있는 성경 구절도 달고 해석도 넣어주면 더 좋을 것 같군요."

선교사와 이야기를 나눈 뒤 최창현은 복음 성서의 내용을 한글로 옮기기 위해 구슬땀을 흘렸다. 최창현은 신자들이 주일과 교회 관련 기념일을 지내도록 돕기 위해 일반 복음서와 달리 이를 설명한 부분을 한글로 옮겼다. 성경 내용에 따라 항목을 나누고 각 항목에는 날짜별로 읽을 성경 구절의 출처와 본문, 주해 등을 다루었다. 덕분에 낯설고 어려웠던 한문본 천주교 성경 주석서는 1790년대에 한글본으로 새롭게 태어났다.

최창현이 번역한 한글본 『성경직해』에는 다양한 우리말이 담겨

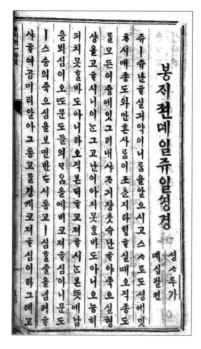

『성경직해』 본문
(한국교회사연구소 소장)

있었다. 그래서 한문에만 익숙했던 사람들도 책을 읽다 보면 자연
스레 한글을 깨우칠 수 있었다.

> 쥬여 네게 비ᄂ니 네 대능을 떨쳐 오샤 써 우리 죄로 인ᄒ야
> 장챳 당홀 위험에 네 보호ᄒ심으로 건져 주시며
> 네 구원ᄒ심으로 면ᄒ게 ᄒ쇼셔.

주여, 주께 비오니 주님의 큰 능력을 떨치시어 우리 죄로 인하여
훗날 당하게 될 위험에서 보호하여 건져주시며,
주의 구원하심으로 면하게 하소서.

– 『성경직해』 본문 일부

예배당에 모인 사람들은 자신들이 읽은 『성경직해』를 두고 이야기를 나누었다.

"정말 신통합니다. 글쎄, 이 책을 읽고 한글도 배웠지 뭡니까."

"그러게 말입니다. 신앙생활에 도움도 얻고 글도 배울 수 있다니, 어느 양반이 썼는지 정말 대단합니다!"

최창현에 대한 딜레 신부의 기록에 의하면 "어떻게나 평판이 높았든지 책을 가지고 싶은 교우들은 그것을 얻기 위하여 그를 찾아갈 정도였다. '주일과 축일 성경의 해석'이라는 한문책을 조선말로 번역한 사람도 최창현이었다."라고 한다. 특히 최창현이 한글로 번역한 『성경직해』는 신자들이 하느님의 말씀을 직접 접할 수 있는 기회를 주었다는 점에서 매우 이례적이었다.

사람들의 칭찬이 높아져가자 최창현은 신자들의 신뢰를 받게 되었고, 교인들을 대표하는 총회장 자리에 올랐다. 중인이라 천시받던 최창현은 어느 사이에 천주교를 알리는 중심인물이 되어 조선 각지에 교회를 세우고, 성직자를 데려오는 역할을 맡았다.

그러던 1801년, 천주교 박해가 일어났다. 나라에서는 천주교 믿는 것을 금하고, 천주교도들을 잡아들였다. 그러자 최창현을 노리는 사람들도 많아졌다.

"저자가 주모자다! 죄인 최창현을 잡아라!"

누군가의 밀고로 붙잡힌 최창현은 포도청으로 끌려가 안타깝게도 사형을 당하고 말았다. 그리고 최창현과 선교사들이 목숨처럼 여겼던 성서와 서책들은 모두 압수되어 기름을 부은 장작 위에 쌓였다.

"이 또한 요사한 책이다. 불살라라!"

명령을 받은 포졸이 두툼한 책을 불길 속에 던져 넣었다. 그것은 최창현의 한글본 『성경직해』였다. 1801년, 당시에 불태워진 교회 서적 목록이 기록된 『사학징의』 중 「요서사서소화기」에는 한글본 『성경직해』도 포함되어 있다.

다행히 몇몇 교인들이 숨긴 한글본 『성경직해』는 감시의 눈을 피해 신자들에게 전해졌다. 그리고 뮈텔 주교에 의해 내용이 더해 지고 수정 보완되어 1892년 간행되었다. 이렇게 한글본 『성경직해』 는 불길을 견디고 살아남은 한글 유물이 되었다.

3

한글로 탄생한 베스트셀러,
『천로역정』

『천로역정』은 영국의 종교작가 존 버니언이 1678년 출간한 종교소설을 한글로 번역한 근대 번역소설이다. 1894년 조선 선교사로 있던 제임스 스카스 게일(1863~1937)이 제1부를 번역하여 1895년 간행했다. 게일의 부인 해리엇(1860~1908)이 한글 번역 과정에 참여했고, 조선인 이창직(1866~1936)이 교정을 도왔다. 또한 풍속화가였던 김준근(?~?)이 삽화를 맡아 상하 2책 목판으로 간행되었다. 현재 국립중앙도서관 등에서 소장하고 있다.

다음 글은 게일, 김준근에 대한 기록과 『천로역정』에 대한 연구서를 토대로 그 제작 과정을 이야기로 재구성한 것이다.

1866년, 조선인이 이상한 배라 부르던 이양선이 조선 앞바다에 나타났다.

"저게 뭐야? 서양 오랑캐 아니야!"

조선인은 외국인 선교사들을 '서양 오랑캐'라 불렀다. 외국인 선교사들은 조선의 배척에도 불구하고 계속해서 조선 땅을 찾았다. 결국 변화의 물결 앞에서 조선은 자의 반 타의 반으로 나라의 문을 열었다. 외국인 선교사들은 더 많은 조선인에게 종교를 전파하고자 조선의 생활을 배워나갔다.

1889년 무렵, 고국 캐나다를 떠나 조선에서 선교 활동을 하고 있던 선교사 게일에게도 조선 문화는 설렘의 연속이었다. 게일은 자신보다 먼저 조선에 온 선교사에게 이것저것 묻고 배웠다. 그러던 어느 날 게일은 이상한 문자를 접하게 되었다.

"한자도 아니고 알파벳도 아닌 듯한데, 도대체 이것이 무엇입니까?"

"글자입니다. 조선 글자. 조선인 말로는 세종대왕이 만들었다고 합니다."

성서 번역 일을 하던 선교사가 대수롭지 않다는 듯 게일에게 대꾸했다.

"조선에도 한자가 아닌 고유의 문자가 있단 말입니까? 조선인이 직접 만들었다고요?"

게일에게 한글은 놀라운 존재였다. 누런 얼굴에 허름한 옷을 입고 돌아다니는 작은 체구의 조선인, 약하게만 보였던 그들이 자신들의 힘으로 문자를 만들었다니 믿어지지가 않았다. 한글을 접한 게일은 그날부터 한글을 배우고 익혔다.

'이리 쉽고 뛰어난 글자가 있는데, 조선의 양반들은 왜 한자만 고집하는 것일까?'

게일은 편리한 한글을 두고 한자만 고집하는 일부 조선 사람들을 이해할 수 없었다. 한글에 익숙해진 게일은 그 후 복음을 전도하는 단체인 기독교서회에서 편집위원으로 일했다. 이곳에서 미국인 선교사 아펜젤러와 함께 한글로 성서를 번역했다. 또한 그동안의 연구를 모아 국어 문법서를 만들기도 했다. 어느새 게일은 한국어 학자로서 한글에 깊은 애착을 느꼈다.

'그래, 어쩌면 지금 이 순간을 위해 한글은 조용히 먼지를 뒤집어쓴 채 때를 기다렸는지도 모른다! 보다 많은 사람들이 한글로 복음의 말씀을 읽도록 이야기책을 번역하자.'

1892년 무렵, 게일은 하나님의 이야기를 담은 소설을 한글로 번역하기로 마음먹었다. 여러 책을 두고 고민하던 게일은 영국의 종교작가 존 버니언이 쓴 『천로역정』을 선택했다. 곁에서 이를 지켜보던 아내 해리엇이 게일에게 말했다.

"그 책이라면 저도 한글 번역을 돕겠어요. 신앙인이 가져야 할 중요한 마음가짐을 쉽게 다루고 있는 소설이니 조선인에게도 좋은 책이 될 것 같아요."

"그렇소. 성경도 좋지만 평범한 사람이 천국에 이르는 여행 이야기를 통해 많은 조선인이 재미있게 깨우치고 신앙심을 얻게 될 것이오."

게일이 선택한 『천로역정』은 1885년 이미 74개의 언어로 번역하여 출판된 책이었다. 주인공인 순례자 '크리스천'이 등에 무거운 죄의 짐을 지고 길을 떠나는 여정을 다루었다. 손에 성서를 든 순례자가 고향인 '멸망의 도시'를 떠나 길에서 여러 인물들을 만나며 '낙담의 늪', '죽음의 계곡', '허영의 거리'를 지나 천신만고 끝에 천국에 도착한다는 줄거리였다. 게일은 『천로역정』을 한글로 번역한다면 선교에 날개가 달릴 거라 생각했다.

그러나 서양 문화를 다룬 소설을 한글로 번역하는 작업은 만만치 않았다. 다행히 아내 해리엇과 조선인 이창직이 교정과 번역을 도와주었기에 시간을 단축할 수 있었다. 게일은 완성된 책을 몇몇 조선인에게 보여주었다. 책을 읽은 청년들이 궁금한 표정으로 게일에게 물었다.

"선교사님, 악마는 귀신과 다른 존재입니까? 천사는 조선 사람이 아니지요?"

"예수님은 양반입니까, 상민입니까? 천국은 어떤 곳입니까?"

조선인의 반응에 게일은 난감했다. 자신에게는 지극히 당연했던 것들이 조선인에게 생소할 줄은 미처 알지 못했다. 한글로 번역하면서 조선에 맞도록 의미를 풀고 고쳤지만 글만으로는 부족했다.

"그래, 조선인의 눈으로 이해할 수 있는 그림을 넣자!"

게일은 조선 문화를 적용한 삽화를 넣기 위해 조선인 화가를 수소문했다. 다행히 1890년 즈음 만나 인연을 맺은 김준근 화가를 떠올리고 그의 집을 찾았다.

"김 화원, 계십니까?"

"아니, 게일 선교사님! 이게 얼마 만입니까?"

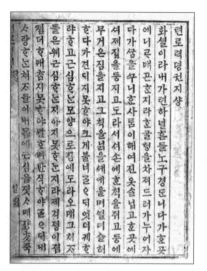

『천로역정』 1권 1장(국립중앙도서관 소장)　　　　　　주인공 크리스천과 악마

　김준근은 조선에서 그림 솜씨 뛰어나기로 유명한 풍속화가였다. 고종 임금의 초청으로 조선에 온 미국의 해군 제독 슈펠트의 딸에게 조선 민속과 풍속을 그려주기도 했다. 이를 잘 알고 있던 게일은 김준근이라면 『천로역정』의 이야기를 조선 사람들이 이해하기 쉽게 그려줄 것이라 여겼다.

　게일에게 자초지종을 들은 김준근은 흔쾌히 삽화 작업에 참여했다. 그리하여 김준근의 손끝에서 조선만의 『텬로력뎡』이 태어났다. 주인공 크리스천은 조선 갑옷을 입고 악마와 싸웠다. 또 예수는 도포를 입고 갓을 쓴 인자한 모습이 되었다. 조선 사람들에게 아리송했던 천국의 모습은 선녀가 반기는 하늘나라 풍경으로 그려져 이야기에 활력을 불어넣었다. 영어는 한글로 풀어지고, 서양 문화는 조선 전통 문화로 그려지며 조선의 『텬로력뎡』이 드디어 한글로 완성된 것이다.

다행히 1894년 고종 임금의 '국문칙령' 반포로 한글은 나라의 기본 글자로 인정되었고, 덕분에 1895년 한글로 출간된 『텬로력뎡』은 조선인에게 큰 관심을 받았다. 무엇보다도 이 책이 소설이었던 까닭에 읽는 재미가 컸다. 점차 조선인은 『텬로력뎡』의 글과 그림이 전하는 생생한 이야기에 빠져들었다.

이렇게 해서 『텬로력뎡』은 한글로 쓴 조선의 베스트셀러가 되었다. 한글로 소설을 번역한 외국인 선교사와 교정을 도운 조선인, 조선에 맞는 그림을 그린 조선인 풍속화가의 노력이 있었기에 한글판 『텬로력뎡』은 더욱 값진 한글 유물로 남았다.

4

프랑스 신부가 처음 만든 한글 사전, 『한불자전』

『한불자전』은 최초의 근대 한글 사전이자, 프랑스 선교사들이 한글을 익히기 위해 만든 교재다. 1873년 프랑스 신부인 리델(1830~1884)의 주도 하에 최지혁, 김여경, 권치문 등 조선인이 참여하여 초고를 완성했다. 당시 조선 사람들은 『한불자전』을 통해 한자의 그림자 뒤에 숨겨져 있던 '한글'의 가치를 재확인할 수 있었다. 현재 『한불자전』은 오륜대 한국순교자박물관에 소장되어 있다.

이 이야기는 리델 주교의 일생을 바탕으로 『한불자전』이 만들어지기까지의 과정을 사실대로 재현한 것이다. 이야기에 등장하는 인명과 지명 등은 모두 사실이나 글 말미의 코스트 신부와 리델 주교의 대담은 극적인 재미를 위한 장치다. 하지만 대담의 내용은 『한불자전』 서문에 따른 것으로 사실임을 밝힌다.

1861년, 리델 신부는 천주교를 전파하기 위해 프랑스를 떠나 머나먼 조선으로 왔다. 그는 조선에 오기 전 중국 상하이에서 이미 다양한 외국어와 조선에 관한 공부를 꾸준히 했다. 그럼에도 불구하고 한국어에 서투른 리델 신부가 조선에서 직접 선교 활동을 한다는 것은 무척 어려운 일이었다. 조선 땅에서 리델 신부보다 앞서 복음을 전하던 다블뤼 신부는 먼저 '한글'을 익혀야 한다고 거듭 강조했다.

"종교보다 먼저 언어의 장벽을 뛰어넘는 것이 중요합니다. 우리 프랑스 선교사들을 위해 저는 수십 년 전부터 교재이자 사전을 만들고 있었습니다. 이제 내 나이도 적지 않아 이 일을 리델 신부님께 위임하고 싶습니다. 어려운 일이지만, 부탁드리겠습니다."

그렇게 다블뤼 신부는 리델 신부에게 미완성인 사전 원고를 건네주었다. 그로부터 얼마 지나지 않은 1866년 나라 안에 큰일이 벌어졌다.

"여봐라! 왕실과 나라를 흔드는 사학(邪學)의 무리를 당장 잡아들여라!"

조선 왕실은 천주교가 "주 앞에서 모두 평등하다."고 주장하며 성리학의 질서를 어지럽힌다고 생각했다. 마침내 천주교도와 프랑스 선교사들이 목숨을 잃은 '병인박해'가 일어났다. 이때 리델 신부는 가까스로 중국으로 탈출했지만, 다블뤼 신부는 관군에게 잡혀 조선 땅에서 목숨을 잃고 말았다.

1869년, 간신히 목숨을 구한 리델 신부는 중국 치푸를 거쳐 차쿠에 정착했다. '차쿠'는 한반도 서해에 인접한 요동반도 남쪽에 있었는데, 그곳에는 병인박해를 피해 조선에서 건너온 천주교인들이 세운 마을이 있었다. 리델 신부는 이곳에서 사전 원고를 완성하기로 마음먹었다.

리델 신부는 가장 먼저 한글 어휘를 모으기 시작했다. 또 한글을 다루고 있는 옛 서적에서 자료를 수집했다. 그가 이런 방대한 작업을 해나갈 수 있었던 것은 조선인의 도움이 있었기 때문이다. 그중에서 최지혁은 충청도 공주에서 태어난 천주교 신자였다. 그는 병인박해로 아내와 6남매를 잃었지만, 리델 신부의 곁을 지키며 사전을 집필하는 데 큰 공을 세웠다. 많은 사람들의 도움을 받아 연구를 거듭하는 동안 리델 신부는 한글이 그리 어려운 문자가 아님을 깨달았다.

수직선(가장 기본적인 형상)인 'ㅣ'에 짧은 수평선을 추가하면 한글의 A인 'ㅏ'가 만들어진다. 두 번째 수평선을 추가하면 'ㅑ'라는 글자를 얻게 된다. 자음도 모음과 마찬가지다. 그림을 그리듯, 이러한 방법을 사용하면 자음도 모음도 익히기가 쉽다.
- 『한불자전』 서문

사전 원고가 완성될 즈음에 리델 신부는 다블뤼 신부의 뒤를 이어 제6대 조선교구장으로 임명되었고, 로마에서 지내며 주교가 되었다. 그 후 리델 주교는 사전 편찬을 완수하기 위해 1871년 중국 상하이로 떠났다. 당시 상하이는 조선으로 입국하기 전 프랑스 선교사들이 주로 머무는 곳이었다. 리델 주교는 다시 조선으로 갈 날을 기다리며 한편으로는 사전을 완성해나갔다. 마침내 1873년 11월, 사전의 초고가 완성되었다.

사전은 크게 「서문」, 「본문」, 「부록 1」, 「부록 2」의 네 부분으로 이루어졌다. 특히 「본문」에는 사전의 모습이 잘 나타나 있다.

다음은 『한불자전』의 「본문」 중에서 '마음'을 설명한 것이다.

므흠(마음) MA-UM(coeur, esprot, pensee, sentiment, avis, indee, desir, envie) 心

이처럼 사전은 먼저 프랑스 알파벳 순서에 맞춰 정리하고, 한글을 적었다. 그런 다음 단어의 발음을 프랑스어로 적고 풀이했다. 간혹 단어가 한자에서 비롯될 경우 단어의 맨 뒤에 한자를 적었다. 이렇듯 하나의 단어를 찾으면 한글, 한문, 프랑스어를 한눈에 살펴볼 수 있는 것이다.

리델 주교가 다시 조선에 입국하여 천주교를 전파할 즈음 동료인 코스트 신부가 중국 차쿠에서 사전의 교정 작업을 맡아보았다. 리델 주교와 코스트 신부가 다시 만난 것은 1878년 일본의 요코하마에서였다. 사전의 교정을 마친 코스트 신부가 인쇄소를 찾아 일본으로 왔는데, 마침 조선에서 추방된 리델 주교를 만난 것이다.

그날 밤, 어느덧 50세를 바라보게 된 리델 주교는 촛불을 붙여 방안을 밝혔다. 낮 동안 요코하마 외국인 거류지를 가득 감쌌던 소란스러움이 한결 누그러진 듯했다. 이따금 숙소 근처 인쇄소에서 책을 찍어내는 소리가 들려왔다. 리델 주교는 20여 년 동안 준비한 사전의 서문을 직접 적기로 결심했다.

거의 알려진 바 없는 비밀스런 조선 문자(한글)는 이상한 모양을 하고 있다. 그러나 25개의 단순한 자모로 구성되어 있어 모든 사람이 이해할 수 있다. 비록 조선에서 한문이 존중되기는 하지만 한글은 흘려 쓰더라도 독특한 모양을 유지한다. 그리하여 한글 자모를 배운 모든 사람들은 그 원문을 쉽게 읽을 수 있다.
- 『한불자전』 서문

서문을 써 내려가자, 그간의 일들이 주마등처럼 리델 주교의 눈앞을 스쳐지나갔다. 어느덧 요코하마에서의 하룻밤이 지나갔다. 다음 날 늦은 오후, 코스트 신부는 리델 주교가 쓴 사전의 서문을 꼼꼼히 읽어보았다.

"참으로 일목요연한 좋은 글입니다. 그런데 리델 주교님, 왜 사전의 이름이 '조불자전'이 아니라 『한불자전』이지요?"

"저는 『한불자전』을 준비하는 동안 조선의 오래된 책들을 읽었습니다. 그랬더니 '한(韓)'이라는 단어가 역사적인 사료에 자주 사용되더군요. 그 옛날 한반도를 지배했던 세 나라를 '삼한'이라 부르기도 했답니다. 저는 '한'이 조선의 얼을 대표한다고 생각합니다. 그래서 사전의 이름을 『한불자전』이라 지은 것입니다."

코스트 신부는 그제야 궁금증이 풀렸다는 듯이 미소를 지으며

『한불자전』(파리외방선교회 한국선교사
지음, 1880, 오륜대 한국순교자박물관 소장)

고개를 끄덕였다. 얼마 지나지 않아 요코하마 레비 인쇄소에서『한
불자전』의 인쇄를 시작했다. 그로부터 2년 후인 1880년『한불자전』
은 조선에서 무사히 간행되었고, 한글을 익히려는 프랑스 선교사들
과 외국의 말을 익히려는 조선인에게 유익한 책이 되었다.

　이처럼『한불자전』은 최초의 한글 사전이자 교재였다. 당시 조
선 사람들은『한불자전』을 접하면서 외국인이 인정한 '한글의 위대
함'을 재확인할 수 있었다. 뿐만 아니라 다른 나라의 말을 존중하면
서 이를 과학적으로 해석하려 했던 리델 주교의 태도는 지금까지도
큰 감동을 준다.

5

최초의 현대적인 국어사전의 원고, 「말모이」

「말모이」는 1910년대에 만든 현대적인 국어사전의 '원고'다. 주시경 (1876~1914)과 그의 제자들인 김두봉(1889~1961?), 권덕규(1890~1950), 이 규영(1890~1920)이 함께 만들었다. 1911년부터 만들기 시작했지만, 끝내 사전으로 편찬되지는 못했다. 그러나 「말모이」는 후대 국어사전의 기틀을 마련해준 중요한 유물이다. 현재는 그 첫째 권으로 보이는 'ㄱ~갈죽'까지 의 표제어가 포함된 1권만이 전해져 내려온다.

이 이야기 속 인명, 지명, 단체명 등은 모두 사실이다. 그러나 이야기 의 큰 줄기는 「말모이」의 가치를 밝힌 국어학자들의 연구와 주시경의 다른 저작 등을 참고하여 재구성했다.

'말모이'란 '사전(辭典)'을 우리말로 다듬은 토박이말이다. 이 이름은 주시경과 한글 학자들이 편찬하려 했던 우리말 사전의 이름에서 따온 말이기도 하다.

1911년 어느 늦은 밤이었다. 중절모를 깊이 눌러쓴 주시경이 파란색 지붕이 달린 건물 안으로 조심스레 들어갔다. 건물의 작은 현판에는 '조선광문회'라 적혀 있었다. 주시경이 2층으로 올라가자, 연구에 몰두하던 한글학자들이 그를 반갑게 맞이했다. 주시경이 이에 화답하며 말했다.

"일은 어떻게 되어가고 있습니까?"

곧 그의 수제자인 김두봉이 한걸음에 다가왔다.

"선생님, 잘 오셨습니다. 방금 목차를 선정하려던 참이었습니다. 일단은 '알기', '본문', '찾기', '자획 찾기' 네 부분으로 사전을 구상하려 합니다."

다른 학자들도 저마다 한마디씩 말하기 시작했다.

"선생님, 사전에는 우리말로 쓰이는 것들 중에 고유어뿐만 아니라 외래어, 전문용어도 표제어에 포함해야겠습니다."

"외래어는 어떤 모양인지 표시 방법을 꼼꼼히 적어 이해를 도우려고 합니다."

주시경은 학자들이 연구한 것들을 차근차근 감수하며 말했다.

"우리의 첫 번째 일은 『동국통감』, 『열하일기』를 간행하는 것이었습니다. 두 번째는 옥편인 『신자전』을 간행하는 것이었지요. 지금 우리가 피땀 흘려 하고 있는 이 세 번째 일에는 우리의 목숨이 걸려 있습니다. 힘들겠지만 조금 더 힘을 내어 우리 힘으로 '우리말 사전'

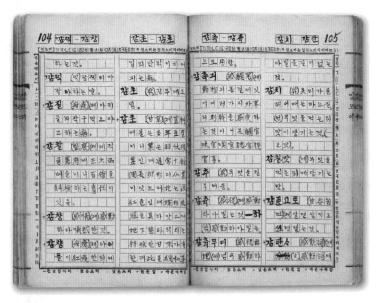

「말모이」(1911, 조선광문회 편찬(주시경 · 김두봉 · 권덕규 · 이규영, 국립한글박물관 소장)

을 만들어봅시다."

주시경의 말을 듣자 학자들의 눈이 반짝였다. 고개를 끄덕이던 김두봉이 말했다.

"헌데 선생님, 이번에 편찬되는 사전의 이름을 무엇이라 지어야 할지 모르겠습니다."

"이왕이면 우리말이 좋겠지요. 음, 우리말을 모아 만드는 것이니 '말모이'가 어떻겠습니까?"

"우리나라 최초의 사전 '말모이'라! 참 좋은 제목입니다."

주시경은 붓을 들어 푸른 원고지에 가로쓰기로 'ㅁ ㅏ ㄹ ㅁ ㅗ ㅣ'라고 제목을 적어나갔다. 밤이 깊어가도록 학자들의 연구는 계속되었다. 그러나 학자들의 바람에도 불구하고 「말모이」는 사전으로 편찬되지 못했다. 「말모이」 편찬을 주도하던 주시경이 1914년 갑작스럽게 죽음을 맞았기 때문이다.

「말모이」 편찬의 중심인물을 잃자, 학자들은 뿔뿔이 흩어져버렸다. 또 「말모이」의 원고들은 3 · 1운동 이후 대부분 분실되고 말았다. 이대로 「말모이」는 영영 사라지는 듯했다.

하지만 한글학자들은 일부 남은 「말모이」 원고를 모아 후대에 전했고, 지금까지 전해질 수 있었다. 또 「말모이」 원고는 뒤이어 만들어진 우리말 사전에 큰 영감을 주었다.

현재 전 세계적으로 약 3천여 개의 언어가 있다. 그중 고유 사전을 가지고 있는 언어는 단 20여 개밖에 되지 않는다. 「말모이」를 만들겠다던 학자들의 노력이 없었더라면, 우리말 사전을 영영 갖지 못했을 것이다.

6

조선 민중의 눈과 귀가 된 한글신문, 『대한매일신보』

『대한매일신보』는 대한제국 시기에 영국인 베델(1872~1909)과 조선인 양기탁(1871~1938)이 만든 신문이다. 1904년 7월 18일 창간했고, 1910년 8월 29일 일제의 압박에 의해 폐간되었다. 『대한매일신보』는 조선을 침략하려는 일제의 만행을 파헤쳐 보도했다. 또 국권을 회복하자는 운동을 펼치며 민중을 하나로 모으는 역할을 해냈다.

이 이야기는 『대한매일신보』가 재발간된 시점(1905년)부터 「매일신보」로 상호가 변경되어 그 논조가 달리지기 전(1910년)까지의 일을 시간 순서대로 그려냈다. 『대한매일신보』의 두 기둥이었던 베델과 양기탁의 일생 및 실제 신문에 실렸던 기사 내용(국채보상운동, 의병운동 등)을 담아 사실감을 더했다.

1905년 4월의 어느 밤, 『대한매일신보』의 편집인이었던 양기탁은 깊은 시름에 빠졌다. 지난 8개월간 신문이 제대로 팔리지 않아 신문사 운영이 어려웠기 때문이다.

사실 『대한매일신보』는 1904년 베델과 양기탁이 만든 신문이었다. 베델은 런던에서 활동하던 기자였고, 양기탁은 계몽 활동을 하던 언론인이자 독립운동가였다. 당시 일제는 자신들에게 좋은 이야기만 신문에 싣게 했다. 베델과 양기탁은 그러한 일제에 맞서 한글과 영어로 구성된 새로운 신문을 만들었다. 그러나 『대한매일신보』는 일제가 저지른 만행을 그대로 보도했기 때문에 그들의 눈총을 사고 말았다.

설상가상으로 신문은 잘 팔리지 않았다. 왜냐하면 『대한매일신보』는 6면 중에 4면이 영어로 되어 있고, 2면만이 영어판을 단순히 한글로 해석한 국문판이었기 때문이다. 따라서 조선 사람들은 신문을 읽기가 어려웠고, 이는 고스란히 신문 판매량의 저조로 이어졌다.

1905년 을사늑약이 체결되자 상황은 더 어려워졌다. 이 조약 때문에 대한제국은 주권의 일부를 일제에게 빼앗겼고, 더욱더 『대한매일신보』를 탄압했다. 베델과 양기탁의 시름은 점점 더 깊어져만 갔다.

"신문이 제대로 팔리지 않는 것도 가슴 아픈데, 일제가 우리 신문을 가만히 두지 않는군요. 그러나 이대로 순순히 물러날 수야 없지요. 함께 대책을 세워봅시다."

"양 선생님, 외국인인 제가 발행인이 되겠습니다. 일제도 대영제국과 일본이 약속한 '치외법권 조약'은 절대 건드릴 수 없을 것입니다. 또한 그들이 내세우는 '법'에 의하면 외국인이 발행한 어떤 것도 일제 검열관이 함부로 다룰 수 없을 겁니다."

"그런 방법이 있었군요. 베델 선생님, 하늘도 저희를 도와주는가 봅니다. 저는 우리 신문이 팔리는 신문이 되기 위한 방안을 생각해 보았습니다."

"무슨 뾰족한 방도라도 있습니까?"

"지금까지 『대한매일신보』의 한글판은 그저 영어판을 번역하는 것에 그쳤습니다. 그러나 이제는 조선인을 위한 『대한매일신보』를 만들 때가 되었습니다. 한문과 국문(한글)을 섞은 국한문판 『대한매일신보』를 간행한다면 분명히 성과가 있을 겁니다."

그리하여 1905년부터 베델이 발행인이 되어 신문을 다시 간행했다. 외국 사람을 위한 영문판뿐만 아니라 국민을 위한 국한문판 『대한매일신보』가 처음 만들어졌다. 베델이 발행인이 되었지만, 양기탁이 주도적으로 신문을 만들어나갔다.

1907년이 되자, 일제의 침략이 더욱 심해졌다. 이때 지식인을 중심으로 나라의 빚을 국민 스스로 갚자는 '국채보상운동'이 곳곳에서 펼쳐졌다.

"우리나라의 국채가 현재 1,300만 원에 달한다 합니다. 이는 정부의 국고로는 절대 갚을 수 없는 금액입니다. 그 돈을 갚지 못한다면 우리는 일제의 손아귀로 떨어지고 말 것입니다. 우리 2천만 동포가 매월 한 명당 20전씩 모은다면, 3개월 만에 국채를 갚을 수 있습니다. 자! 국민의 힘으로 나라의 빚을 갚읍시다."

이날 일은 『대한매일신보』에 대서특필되었고, 많은 사람들이 신문을 읽고 운동에 동참했다.

　"허 참! 며칠전에 『대한매일신보』를 보니 일본 놈들이 우리에게 강제로 돈을 빌려주고 그 돈으로 자기네 배만 채운다던데, 그것이 참말인가? 날강도 같은 놈들!"

　"자네 요즘 신문은 읽지 못했는가 보구먼. 요즘은 그 빌린 돈을 우리가 갚자는 운동이 한창일세그려. 하물며 부녀자들도 장롱 속에 감춰둔 예물을 팔아 돈을 모으고 있다네. 자네도 얼른 대한매일신보사에 가서 모금을 하게나. 난 어제 했다네."

　이처럼 국채보상운동이 전 국민적인 운동으로 번져나가자 초대 통감인 이토 히로부미는 크게 한탄했다.

　"다른 누구의 백 마디 말보다 신문의 한마디가 조선인을 감동케 하는 힘이 더 크구나!"

　여기서 말하는 신문은 『대한매일신보』를 일컫는 것이었다. 점점 많은 사람들이 『대한매일신보』를 보자, 양기탁은 순 한글판 신문도 발행하기 시작했다. 또한 양기탁은 독립운동 단체인 신민회에서 활동하며 독립의 중요성을 강조했다. 한편으로는 사람들이 외면했던 의병운동을 신문 기사로 실으며 그들을 격려했다. 이러한 노력 덕분인지 『대한매일신보』의 인기는 날로 더해만 갔다.

　"도대체 『대한매일신보』가 어떤 신문이기에 매일 7천 부, 8천 부를 찍어내도 다 팔리는 걸까? 허참 신통방통하구만."

　"예끼 이 사람, 아직도 이 신문을 모르는 겐가? 다른 신문사에서는 폭도라 매도하고, 정부조차 역적이라 부르는 이들을 '의병'이라

『대한매일신보』 창간호(대한매일신보사 발행, 한국학중앙연구원 소장)

보도하는 이 좋은 신문을 말일세. 『대한매일신보』가 아니었다면 ○○고을에서 일어난 끔찍한 사건이 의병을 잡으려는 흉계인 줄 꿈에도 몰랐을 것이네."

"그것만이 아니라네. 『대한매일신보』가 내 눈과 귀가 되어주지 않았다면 일본 놈들이 벌집 쑤시듯이 우리를 못살게 구는 것부터 고종황제께서 원통하게 퇴위당하신 것도 모를 뻔했다네. 요즘엔 오직 이 신문 보는 재미로 산다네그려."

이후에도 신문의 발행 부수는 꾸준히 늘어났고, 1908년 5월에는 국한문판이 8,000부, 순 한글판이 4,600부, 영문판이 460부나 팔렸다. 마침내 『대한매일신보』는 1만 부를 찍어내는 대한제국 내 최대 신문사가 되었다. 또한 신문은 조선 민중을 대변하는 존재로 자리매김했다.

그러나 기쁨도 잠시, 『대한매일신보』에 위기가 닥쳤다. 이토 히로부미가 '신문지법'을 앞세워 대대적으로 『대한매일신보』를 탄압했고, 없는 죄까지 만들어 베델과 양기탁을 위협했기 때문이다. 결국 베델은 부당하게 상하이로 추방당했다. 또 조선에 홀로 남은 양기탁은 재판을 받게 되었다. 불리한 상황 속에서도 양기탁은 자신의 뜻을 굽히지 않았다.

"나는 법에 어긋나는 행동은 일절 한 적이 없소. 나는 언론인이고, 내 양심에 비추어 조국을 위해 해야 할 일을 했을 뿐이오."

양기탁은 담담하게 죄가 없음을 밝혔다. 몇 번의 재판 끝에 1908년 마침내 양기탁은 무죄로 석방되었다. 그러나 예전의 『대한매일신보』는 온데간데없어졌다. 베델과 양기탁이 재판을 받는 동안 사장이 두 번이나 바뀌었고, 1910년 한일병합조약 이후에는 「매일신보」라는 이름으로 조선총독부를 옹호하는 신문으로 전락했기 때문이다. 그사이 양기탁은 신민회 사건에 휘말려 한반도를 떠날 수밖에 없었다.

비록 일제의 탄압에 굴복하고 역사의 뒤안길로 사라졌지만, 『대한매일신보』는 구한말 일제의 만행을 보도하고, 국채보상운동을 비롯한 의병운동, 신민회 활동 등을 지지한 우리 민족 최대의 신문이었다.

최초의 한글 문법 연구서,
『국문정리』

『국문정리』는 1897년 1월 국어학자 이봉운이 지은 한글 문법 연구서다. 이 책은 28면의 작은 책으로 되어 있다. 비록 담고 있는 국어 지식은 얕지만, 우리말로 적은 최초의 한글 문법책이기에 의미가 깊다. 『국문정리』 초판 간행본은 국립중앙도서관을 비롯한 우리나라 곳곳에 보관되어 있다.

『국문정리』가 발간된 시점은 한글에 대한 관심이 대내외적으로 대두되던 때다. 이봉운의 일생과 『국문정리』 서문의 내용, 당시 국내외 정세 등을 참고하여 스토리텔링 기법으로 이야기를 재구성했다. 이야기 속 『독립신문』으로 한글을 배우는 이야기는 작가적 상상력이 가미되었음을 미리 밝힌다.

조선의 역사를 통틀어 구한말처럼 혼란한 시기는 없었다. 이러한 분위기 속에 나라를 새롭게 바꾸자는 운동이 전국 방방곡곡에서 일어났다. 그사이 나라에서도 개혁을 시작했고, 양반과 상민을 가르는 신분제도가 사라졌으며, 과거제도도 사라졌다. 동시에 '우리 고유의 것'을 지켜야 한다는 생각도 하나둘 고개를 들었다. 지식인들은 가장 중요한 우리의 것을 '한글'이라 생각했다.

"우리가 쓰는 말과 글을 하나로 통일하자!"

지식인들 사이에서 언문일치운동이 빠르게 퍼져갔다. 언문일치운동은 우리말을 사용하고, 우리 글자인 한글을 사용하자는 것이었다. 당시에는 우리말을 하면서도 한문으로 글을 읽고 쓰는 사람이 많았기 때문이다. 민간에서 국어학자로 활동한 이봉운도 언문일치운동을 지지하는 사람 중 하나였다.

이봉운이 무엇을 하던 사람인지는 자세히 밝혀져 있지 않다. 그러나 중국어와 일본어에 능통했기에 사람들은 그가 역관 출신이라고 생각했다. 1895년 갑오개혁이 일어난 후, 더 많은 외국인이 조선을 찾았다. 이봉운은 이들 외국인에게 한글을 가르쳐주는 교사였다.

어느 날 이봉운은 평소와 다름없이 작은 강의실에서 외국인에게 한글을 가르치고 있었다. 그중에는 일본인, 중국인뿐만 아니라 서양에서 온 선교사들도 많았다. 당시 한양에는 세계 각국의 사람들이 섞여 지냈기 때문이다.

이봉운은 종종 언문반절표를 본떠 만든 간이 교재로 수업하곤 했다. 이를 통해 먼저 한글의 자음과 모음을 가르쳐주었다.

"어제의 진도에 이어서 수업을 시작하겠습니다. 칠판을 보십시오. 제가 쓴 언문반절표가 보이십니까? 제가 한 줄씩 글자를 읽으면 최대한 비슷한 발음으로 따라 읽으십시오."

"가, 갸, 거, 겨, 고, 교, 구, 규, 그, 기……."

외국인 학생들은 스스럼없이 한글을 읽었다. 이봉운은 흡족한 미소를 지었다.

"이제 곧잘 따라 읽는군요. 자, 오늘부터는 한 단계 나아가 한글 문장을 읽어봅시다. 먼저 제가 한 문장을 읽으면, 문장 그대로 따라 읽으십시오. 그리고 그것을 각각 일본어, 중국어, 영어로 번역해보겠습니다. 자, 『독립신문』 창간호를 펼치십시오."

이봉운의 말에 학생들은 저마다 신문을 펼쳤다. 『독립신문』은 우리나라 최초의 한글 신문인데, 순 한글 면과 영문 면으로 발간되었다. 당시에는 순 한글로 적힌 책을 찾아보기 힘들었다. 그래서 이봉운은 『독립신문』만큼 좋은 교재가 없다고 생각했다. 그는 『독립신문』의 구절을 따라 읽게 하며 수업을 진행했다.

"우리 신문이 한문은 안 쓰고 다만 국문으로만 쓰는 것은 상하 귀천이 다 보게 함이라. 또 국문을 이렇게 구절을 띄어 쓴 것은 아무래도 이 신문을 보기가 쉽고 신문 속에 있는 말을 자세히 알아보게 함이라."

학생들은 이봉운이 읽는 대로 『독립신문』을 따라 읽었다. 이봉운은 즉석에서 방금 읽은 문장을 일본어, 중국어 등으로 번역해주었다. 학생들은 번역한 뜻을 새기며 한글 문장을 익혔다. 그렇게 수업이 끝나갈 즈음이었다. 수업의 끝에는 항상 질문을 받곤 했는데,

이날따라 학생들의 질문이 끊임없이 쏟아졌다.

"선생님, 왜 조선 사람들은 쓰는 말은 언문인데, 글을 쓸 적에는 한문을 사용하는 겁니까? 외국인인 저희가 보기에도 언문이 더 쉬운데요."

"매일 수업 전에 한글 자모를 읽고 쓰는데, 아무리 생각해도 그 원리를 모르겠습니다."

"언문에도 문법이란 것이 있습니까? 문법을 알아야 문장이 어떻게 생겼는지를 아는데, 이를 통 알 수 없으니 문장 익히기가 너무 어렵습니다."

학생들은 저마다 한마디씩 덧붙였다. 이봉운은 꿀 먹은 벙어리처럼 제대로 대답하지 못했고, 문득 자신이 부끄러워졌다.

'아! 제대로 된 언문학교와 교사가 없어 우리글의 이치와 규범조차 가르치지 못하는구나. 입만 놀려 가갸거겨 하는 것에 무슨 의미가 있단 말인가!'

이봉운은 도망치듯 학교를 빠져나왔다. 그의 머릿속에는 수만 가지 생각들이 엉켰다. 한글이 만들어지고 오백여 년의 세월이 흘렀지만, 한글의 문법을 정리한 단 한 권의 책도 없었기 때문이다.

'나는 지식인이라고 이야기하면서 매일 입으로만 떠들었구나. 그래, 비록 실력은 부족하다만 기필코 우리말 문법서를 만들고야 말겠다.'

그길로 이봉운은 한글 문법서 만들기에 몰두했다. 우리글을 지키고 이어가자는 생각에 오직 한글만을 사용하여 적었다.

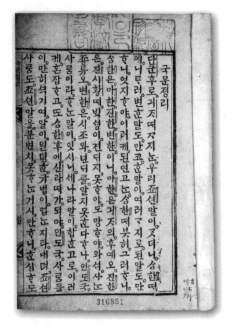

『국문정리』 초간본(이봉운 지음, 1897,
규장각 소장)

　　조선 사람은 남의 나라 글만 승상하고 본국 글은 아주 이치를 알지 못하니 절통하다. 비유로 말하자면 그 부모는 공경치 아니하고 다른 사람만 사랑하는 모양인 것이다. 문명에서 제일 요긴한 것은 다름 아닌 국문인 것이다. 따라서 언문 옥편을 만들어 국문의 이치를 분명히 알아야 하며, 이를 바탕으로 후진을 양성해야 할 것이다. 마지막으로 국문은 독립 권리와 자주 사무에 제일 요긴한 것임을 잊지 말아야 한다.

－ 『국문정리』 서문

이어서 한글의 자모 규칙, 장음과 단음 규칙, 문법론 등 한글의 문법들을 정리해나가기 시작했다. 마침내 1897년 28면으로 구성된 작은 한글 문법책『국문정리』가 세상에 나오게 되었다. 이 책은 우리글인 한글(국문)의 이모저모를 정리한 책이었다.

사실 이봉운이 책을 만들 때 참고할 만한 것들이 거의 없었다. 당시에는 전문가도, 적절한 책도 없었기 때문이다. 그래서 책 내용에 부족한 점이 많았다.

그러나 이를 바탕으로 훗날 최광옥의『대한문전』, 유길준의『대한문전』, 그리고 주시경의『국어문법』같은 문법책들이 나오게 되었다. 말하자면『국문정리』는 한글 연구의 출발점이 되었던 것이다.

주시경의 한글 문법서,
『국어문법』

　『국어문법』은 국어학자이자 독립운동가였던 주시경이 쓴 책이다. 주시경이 지은 『국어문법』은 모두 세 종류가 있다. 인쇄본 『국어문법』은 세 권 중 가장 마지막에 지은 책으로 주시경의 꿈과 열정이 담겨 있다. 또 오늘날 한글 맞춤법의 기본이 된 귀중한 책이다. 『국어문법』은 현재 김민수 · 하동호 · 고영근 공편의 『역대한국문법대계』에 수록되어 있다.

　이 이야기는 주시경의 일생, 인쇄본 『국어문법』의 서문과 그 내용을 바탕으로 재구성했다. 주시경을 더욱 입체적으로 그려내기 위해 그의 다른 저작 등을 추가로 참고했다.

주시경은 누구보다 한글을 사랑한 사람이었다. 그는 자신의 호를 순 우리말인 '한힌샘'으로 지었는데, 크고(한) 맑고 깨끗한(힌) 샘터(샘)라는 뜻이었다. 뿐만 아니라 주시경은 조선 최고의 국어학자이기도 했다. 사람들은 세종대왕이 한글을 만들고, 주시경이 이를 퍼뜨렸다고 여기게 되었다.

사실 주시경 이전에도 국어를 연구한 사람은 많았다. 그러나 그가 최고의 국어학자인 까닭이 있었다. 당시에는 서양이 만든 틀로 국어를 연구했다. 그러나 주시경은 자신만의 독특한 이론으로 우리말의 이모저모를 살펴보았다. 그중 많은 부분은 현대 국어 연구에도 영향을 미쳤다.

이렇듯 누구보다 우리말을 사랑한 주시경의 생각과 꿈을 담은 책이 한 권 있었다.

'문명 강대국은 모두 자기 나라의 문자를 사용한다. 우리도 우리 문자를 알고 널리 써야지. 이를 위해 나부터라도 우리 문자를 제대로 알자!'

1894년 배재학당에 입학한 청년 주시경은 큰 뜻을 품었다. 학교를 졸업하고 1907년부터 상동청년학원에 국어강습소를 설립하여 청소년들에게 한글을 가르쳤다. 학생들은 그런 주시경을 존경했다.

"정말 주 선생님 같은 훌륭한 스승님이 또 계실까? 강의를 듣고만 있어도 더 공부를 해야지 하면서 가슴이 따뜻해지는 것 같아."

"맞아. 우리 학원 말고도 휘문, 이화, 숙명, 협성, 배재 등 20여 개 학교를 다니면서 우리글을 가르치신대."

"동대문, 연지동, 서대문, 정동, 동관…… 어디든 한글을 배우고

『국어문법』(주시경 지음, 1910,
『역대한국문법대계』 수록)

싶은 학생이 있으면 찾아가신다더니, 그 소문이 참말이었구나!"

주시경의 한글 강의는 날로 그 인기를 더해갔다. 왜냐하면 주시
경이 훌륭한 교사였을 뿐만 아니라, 그처럼 한글을 가르칠 수 있는
인물은 손에 꼽을 정도였기 때문이다. 사람들은 교재를 바리바리
싸들고 동분서주하는 주시경을 '주보따리'라 부르곤 했다.

1908년, 주시경은 상동청년학원 국어강습소에서 강의했던 내용
을 바탕으로 『대한국어문법』을 간행했다. 이 책은 문답식으로 이루
어져 있었는데, '말과 글, 소리, 사람의 말소리, 자모음의 분별 성질'
등의 내용을 담고 있는 문법서였다. 이 책은 당시에 등장한 문법서
가운데 단연 으뜸이었다. 그러나 주시경은 여기서 만족하지 않았다.

'한글에 관한 다양한 책들이 나왔지만, 아직 턱없이 부족하다.

나라를 잃어가는 판국에 우리말까지 잃게 되면 어떻게 될 것인가? 우리 민족의 정체성을 잃어버림은 물론이고, 영원히 독립을 쟁취할 수 없지 않겠는가. 나의 연구와 한글 문법을 집대성한 책을 써야 한다!'

그길로 주시경은 새로운 한글 문법서를 만들고자 집필 활동에 전념했다. 주시경은 구할 수 있는 한글 관련 서적들을 조사했다. 그 속에는 『대한국어문법』, 『국어문전음학』 같은 자신의 책들도 들어 있었다. 주시경은 여러 책을 쓰면서도 청년 시절 가졌던 꿈을 잃지 않았다.

오늘날 나라를 바탕으로 보존하기에 가장 중요한 자기 나라 의 말과 글을 이 지경으로 만들고 도외시한다면 나라의 바탕은 날로 쇠퇴할 것이요, 나라의 바탕이 쇠퇴하면 그 미치는바 영향 은 측량할 수 없이 되어 나라 형세를 회복할 가망이 없을 것이 다. 이에 우리나라의 말과 글을 강구하여 이것을 고치고 바로잡 아 장려하는 것이 오늘의 시급히 해야 할 일이다.

– 주시경 지음, 『국어문전음학』(1908)

마침내 1909년 주시경은 기존의 이론과 자신의 새로운 이론들을 한데 모아 『국어문법』의 필사본을 완성했다. 그로부터 1년 후, 검열을 마친 활판본 『국어문법』이 세상에 나왔다.

주시경은 임(명사), 음(동사), 겻(조사), 잇(접속사), 언(관형사), 억(부사), 놀(감탄사), 끗(종지사) 등 아홉 품사를 순 한글로 표기했다. 뿐만 아니

라 문장을 구성하고 있는 각 성분(말)과 현실적으로 존재하는 대상
(일), 화자나 문장 해석자의 태도(마음)를 연결하여 문장의 의미를 파
악할 수 있다고 주장했다. 이러한 내용들은 현대 맞춤법과 비교해
도 손색이 없을 정도였다. 하지만 『국어문법』이 중요했던 것은 주
시경이 자신의 뜻을 온전히 담으려 했기 때문이다.

> 국가의 성쇠도 언어의 있고 없음에 달려 있고, 국가의 존재
> 도 언어의 재부(在否)에 달려 있다. 동서고금을 막론하고 천하의
> 열국들이 각각 자기 나라의 언어를 존중하는 것은 국가를 위함
> 이다.
> — 주시경 지음, 『국어문법』(1910)

이처럼 『국어문법』은 '나라를 잃었지만 우리의 언어만은 잃을
수 없다.'는 주시경의 생각과 꿈을 담은 책이었다.

시각장애인의 눈을 밝힌 글자, 훈맹정음

훈맹정음은 1926년 박두성(1888~1963)이 시각장애인을 위해 만든 한글 점자다. 일제강점기 시각장애인들은 일본어 점자를 공부해야만 했다. 박두성은 그런 이들을 위해 한글의 원리를 연구하여 한글 점자를 만들었다.

이 이야기는 박두성의 삶과 '훈맹정음' 관련 논문 및 당시의 기록을 토대로 박두성의 훈맹정음 개발 과정을 이야기 형식으로 재현한 것이다.

세종대왕이 훈민정음을 창제했지만, 눈이 보이지 않는 시각장애인들에게는 무용지물이나 다름없었다.

그런데 시각장애인들을 깨우친 글자가 있었으니, 바로 박두성이 만든 '눈먼 이들을 가르치는 바른 소리'라는 의미를 지닌 한글 점자 '훈맹정음'이었다.

3·1운동 이후 일제는 강압적인 무력 통치에서 문화 통치로 정책 노선을 바꿔 조선인을 존중하는 듯한 태도를 보이며 회유하고자 했다. 그리하여 일제는 몇몇 신문을 발간하게 하고, 다양한 사회복지 시설을 세워 좋은 이미지를 심어주고 친일 감정을 전파하고자 했다. 바로 이러한 시기에 박두성은 자신이 할 수 있는 일을 찾다가 우연히 시각장애인을 가르치는 학교인 제생원에 교사로 들어가게 되었다. 부푼 마음으로 교단에 선 박두성은 제생원의 장애인들을 보고 충격을 받았다.

"가엾게도 아이들의 표정에서 꿈과 희망이 보이질 않는구나!"

그 당시 장애인은 사회에서 소외된 계층이었다. 장애인에 대한 관심과 교육이 거의 없었을 뿐만 아니라, 조선총독부는 단지 대외적인 이미지 관리를 위해 제생원을 만들었기에 크게 관심을 두지 않았다. 박두성은 버려진 것이나 다름없는 시각장애인 아이들을 올바른 길로 인도하자고 굳게 다짐했다.

박두성은 눈이 보이지 않는 아이들을 위해 어떤 방법으로 가르쳐야 할지 고민하던 중에 제생원에서 사용하는 점자를 접했다. '점자'란 시각장애인이 평평한 면 위에 도톰하게 튀어나온 점을 손가락으로 만져서 읽는 문자였다. 그러나 제생원에서 쓰는 점자는 일본어로 되어 있어 시각장애인들이 공부하기 매우 힘들어했다.

'눈도 보이지 않는 아이들에게 남의 나라 말로 공부를 가르쳐야 한다니…… 우리말로 된 점자가 있다면 얼마나 좋을까?'

사실 이전에도 미국 선교사 로제타 홀이 만든 우리말 점자가 있었지만, 4점식이라 읽는 속도가 더뎠고 받침 문제가 해결되지 않았다. 무엇보다 한국인이 사용하는 한글을 염두에 두고 만든 점자가 아니었기에 여러모로 문제가 많았다. 박두성은 로제타 홀이 만든 점자를 꼼꼼히 살펴보고 제대로 된 한글 점자의 필요성을 느꼈다. 그리하여 박두성은 밤늦게 제생원의 학생들을 불러 우리말 점자 연구를 시작했다.

"한글 점자를 만들기 위해서는 세종대왕이 창제한 한글의 근본 원리부터 알아야 하지 않을까? 어떻게 생각하느냐?"

"맞습니다, 선생님. 한글은 자음과 모음, 받침으로 이루어져 있으니 이를 나눠서 각각 약속된 표기를 만드는 게 좋을 것 같습니다."

"선생님, 한글의 과학적 원리를 점자에 적용하기에는 4개의 점으로는 너무 부족합니다. 6개의 점이 낫지 않을까요?"

박두성은 학생들과 한글 창제 원리를 연구했고, 시험적으로 완성된 점자를 몇 번이고 어두운 방에서 손끝으로 직접 만져 실험해보았다. 이렇게 노력을 거듭한 끝에 박두성은 4개의 점에서 6개의 점으로 바꾸어 1년 만에 '3.2점식 점자'를 만들었다. 박두성은 3.2점식 점자를 제생원의 시각장애인들에게 가르쳤다.

"이것이 내가 만든 3.2점식 점자란다. 자음이 3점, 모음이 2점으로 이뤄져 있단다. 한번 익혀보고 어떤지 말해주렴."

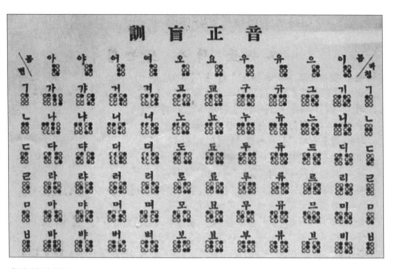

훈맹정음의 일부

　뜻밖에도 시각장애인들은 난생 처음 배우는 글자에 눈물을 흘리며 기뻐했다. 시각장애인들은 너도나도 앞다투어 점자를 익혀 책을 읽고 편지를 썼다. 난생 처음 점자로 된 『심청전』을 읽고 눈물을 흘린 아이도 있었다.

　'역시 한글 점자를 만드는 일은 헛되지 않았구나!'

　하지만 이 3.2점식 점자는 자음과 받침이 구별되지 않아 간혹 점자를 잘못 읽는 불편함이 있었다. 박두성은 이 문제를 보완하기 위해 계속해서 연구했다.

　5년 동안 연구를 거듭한 끝에 박두성은 마침내 우리말 점자 '훈맹정음'을 완성했다. 1926년 11월 4일 세종대왕이 훈민정음을 반포한 한글날, 박두성은 온 세상에 '훈맹정음'의 존재를 알렸다. (1926년도의 한글날은 11월 4일이었다.)

206

완성된 점자는 6개의 점을 써서 한글의 자음, 모음, 문장부호, 숫자를 모두 표현할 수 있었다. 게다가 초성과 종성은 구분하기 쉽도록 대칭되게 만들었고, 많이 쓰는 단어는 간단한 약속을 넣어 읽기 편하게 했다.

"선생님, 정말로 감사합니다! 저희도 이제 한글을 읽을 수 있습니다."

"그렇습니다! 이제는 우리 시각장애인도 무엇이든지 읽고 배울 수 있습니다."

전국 팔도의 수많은 시각장애인들은 훈맹정음을 만든 박두성에게 고마움을 표시했다. 이들은 박두성에게 배운 점자로 감사의 편지를 보내기도 했고, 점자 교과서를 얻어 스스로 공부하여 은혜에 보답하고자 했다.

오늘날의 한글 점자는 훈맹정음을 약간 수정해서 만들어진 것이다. 훈맹정음으로 만들어진 한글 점자는 한글의 과학적 원리를 그대로 넣었기 때문에 컴퓨터가 도입된 이후에는 점자책을 만들기 쉬워져 점자 도서관이 많이 늘어나기 시작했다. 훈맹정음 덕분에 오늘날에는 시각장애인들도 마음껏 글을 읽고 공부를 할 수 있게 된 것이다.

10

헐버트가 만든 한글 세계지리 교과서, 『사민필지』

『사민필지』는 미국인 기독교 선교사 헐버트(1863~1949)가 1889년에 지은 우리나라 최초의 한글 세계지리 교과서다. 『사민필지』는 한글로만 적혀 있는데, 최초의 한글 신문으로 알려진 『독립신문』보다도 먼저 한글을 사용했다. 현재 서울 정동 배재학당 기념관에 소장되어 있다.

이 이야기에서는 『사민필지』가 만들어진 이유, 그 내용을 사실대로 보여주고자 했다. 이야기 속 고종과 헐버트의 관계 및 『사민필지』 제작 과정은 각종 사료 및 『사민필지』 서문을 참고했다. 또한 본문에 실린 『사민필지』의 내용은 최대한 원문의 느낌을 살리려 했다.

『사민필지』는 개화기에 만들어진 우리나라 최초의 한글 세계지리 교과서다. 그러나 이 책은 단순한 교과서가 아니었다. 때로는 세계를 배울 수 있는 창이었고, 때로는 조선의 어두운 현실을 밝히는 등대가 되었다. 그런데 이 책을 지은 사람은 놀랍게도 미국인 기독교 선교사이자 우리에게 친숙한 헐버트였다.

1876년 조선은 일본과 강화도조약을 맺어 외세에 나라의 빗장을 열었다. 1880년대에 이르자, 서구 열강들은 조선의 이권을 빼앗기 위해 힘겨루기를 일삼았다. 특히 일제는 조선을 식민지로 만들고 싶어 안달이 나 있었다. 고종은 조선의 비참한 현실을 늘 안타까워했다.

"나라의 근본은 교육이니라. 지금 조선이 처한 상황을 극복하기 위해서는 우릴 위협하는 서양을 알아야 할 뿐만 아니라 저들이 배우는 것을 우리도 익혀야 한다."

결국 고종은 미국에 도움을 청했다. 당시 미국과 조선은 조약을 맺기도 하고, 보빙사가 미국에 직접 다녀올 만큼 가까운 사이였다.

보빙사*는 미국을 비롯한 외국에 파견한 외교사절이었다. 외국 문물을 직접 보고 들은 보빙사들은 입을 모아 '새로운 학교'를 만들어야 한다고 말했다. 고종의 생각도 마찬가지였다. 마침내 1886년 9월 새로운 근대식 학교인 육영공원이 설립되었다. 그리고 머지않아 새로운 학문을 가르칠 세 명의 미국 선교사가 조선에 왔다. 그 중

---

* 보빙사(報聘使): 조선에서 최초로 미국을 비롯한 외국에 파견한 외교사절이다. 보빙사 출신이었던 유길준, 홍영식, 서광범 등은 훗날 조선의 중요한 정치가들이 되었다.

한 명이 헐버트였다. 그는 육영공원의 교사가 되었다.

육영공원에서는 모든 과목을 영어로 가르쳤다. 외세와 견주려면 먼저 외국의 언어를 알아야 한다는 생각 때문이었다. 하지만 헐버트는 그것만으로 부족하다고 생각했다. 마침 새로운 교과서가 필요했고, 헐버트는 교과서를 편찬하는 일에 앞장섰다.

헐버트가 보기에 당시 조선은 세계에 대한 지식이 매우 부족해 보였다. 심지어 아직도 지구가 둥글지 않고 평평하다고 믿는 사람들도 많았다.

'아직도 조선의 많은 사람들은 우물 안 개구리처럼 그들만의 생각 속에 갇혀 있구나. 앞으로 조선의 미래를 위해서라도 반드시 세계의 지리를 알아야 한다. 그래야 조선 바깥의 세계가 얼마나 큰지를 알게 된다. 그래, 지도를 만들어 가르쳐보자!'

헐버트가 가장 먼저 한 일은 세계지도를 만드는 것이었다. 그러나 지도만으로 부족하다는 생각에 각국에 대한 이야기들을 더 담아 세계지리 백과를 만들기로 결심했다. 헐버트는 지식인뿐만 아니라 일반 백성에게도 도움을 주는 책을 만들고 싶었다. 그리하여 한글로 책을 써 내려갔다.

조선 언문(한글)은 글자뿐만 아니라 선비와 백성, 남녀가 널리 알기 쉬우니, 슬프다 조선 언문이 중국 글자에 비해 크게 요긴한 것이지만, 사람들이 요긴한 줄 알지 못하고 도로 업신여기니 아깝지 아니 하리오. (중략) 조선말과 언문법에 익숙하지 못해 부끄럽지만, 특별히 언문으로써 천하 각국 지도와 귀로 듣고 눈으로

본 풍속을 대강 기록하겠다.

- 『사민필지』 서문

곧 헐버트는 교과서 연구에 더욱 몰두했다. 헐버트가 지은 책은 크게 두 가지 이야기를 담았다. 첫 번째는 우주와 지구에 관한 내용을 담았다. 또 구름이 어떻게 만들어지는지, 바람은 왜 부는지에 관한 이야기도 적었다.

태허창명(하늘과 큰 바다)한 즈음에 무수한 별 떨기가 있으되 떨기마다 각각 큰 별 하나씩 있어 작은 별들을 거느려 한 떨기를 이루고, 작은 별들이 그 큰 별들을 따라 돌아가니 태양이 큰 별이라. 극히 빛나며 움직임이 없고 그 가장자리에 도는 별 여덟이 속했다.

- 『사민필지』 중 제1장 땅덩이(지구)

두 번째는 지구에 속한 다섯 개의 대륙과 세계 만국에 관한 설명을 나열했다. 예를 들어 우리가 살고 있는 아시아 대륙을 다음과 같이 설명했다.

아시아는 지형을 의론컨대 북편에는 큰 산이 없고 큰 들이요, 강이 많고 동남 가운데에는 큰 산과 큰 강이 많고 서에도 큰 산과 강이 있으며, 일기(기후)를 의론컨대 북편으로는 매우 춥고, 남편은 매우 덥고 가운데는 고르다.

- 『사민필지』 중 제3장 아시아주

『사민필지』(헐버트 지음, 1889, 배재학당
기념관 소장)

 뿐만 아니라 다른 나라에 관해 설명할 때는 조선을 중심으로 기록했다. 예를 들어 일본은 우리나라보다 습기가 많고 덥다고 적었고, 얼마나 돈을 버는지 조선의 돈 단위인 원으로 설명해 이해를 도왔다. 교과서에 담을 이야기들을 엮어나가자 점차 방대한 책이 되었다.

 마침내 1889년 『사민필지』라는 이름으로 책이 간행되었다. 사민필지란 '백성이 반드시 알아야 할 지식을 담은 책'이란 뜻이었다. 그 후 『사민필지』를 읽은 사람들은 이 책의 내용에 깜짝 놀라곤 했다.

 "내가 어떤 책을 보니 조선과 대국(중국), 왜(일본)를 함께 '아시아'

라 부른다더군. 그것뿐이겠나. 세계지도를 펼쳐놓고 보니까 땅덩이
(지구)는 사실 둥그렇고, 물건을 잡아당기는 힘(중력) 덕분에 우리가
이렇게 두 다리를 붙여놓고 산다지 뭐야."

"허허 자네. 요 며칠 못 본 사이에 참 유식해졌구먼."

"그게 다 장안의 화제인『사민필지』덕분이 아니겠는가? 한글로
쓰여 있어서 우리 같은 사람들도 읽기 좋고. 소문을 들어보니 선비
들도 '육영공원'에서 이 책으로 공부한다는구먼. 자네도 시대에 뒤
처지지 않고 싶으면 당장 가서 사 보게나. 하하하!"

이처럼『사민필지』는 일반 사람들에게도 전해져서 큰 인기를 끌
었다. 헐버트는『사민필지』를 순 한글로 적어 꼭 알아야 할 내용을
담았다. 당시 사람들은 이 책을 통해 비로소 근대화된 새로운 세상
을 만날 수 있었다.

11

개화기에 처음 만든 근대 국어 교과서,
『국민소학독본』

　　『국민소학독본』은 1895년 새로운 학교에서 쓰기 위해 만든 국어 교과서다. 내 몸을 지키는 법(수신), 역사, 지리, 과학 상식 등 당시 어린이들이 꼭 익혀야 할 내용을 담았다. 이 책은 한글과 한자를 동시에 쓰는 국한문 혼용체로 만들었다. 현재는 국립중앙도서관에 소장되어 있다.

　　우리나라 근대 교육에서 고종의 역할과 함께 『국민소학독본』이 지닌 의미에 초점을 맞추어 이야기로 재현해냈다. 또 이야기에 사실감을 더하기 위해 교육입국조서(1895)의 내용 및 『국민소학독본』의 일부 내용을 그대로 담았다.

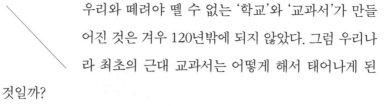

우리와 떼려야 뗄 수 없는 '학교'와 '교과서'가 만들어진 것은 겨우 120년밖에 되지 않았다. 그럼 우리나라 최초의 근대 교과서는 어떻게 해서 태어나게 된 것일까?

1894년 조선에 근대화의 바람이 불면서 갑오개혁이 일어났고, 학무아문이 처음으로 만들어졌다. 학무아문은 오늘날 교육과학기술부와 비슷했는데, 조선의 교육을 책임지는 중요한 관청이었다. 고종은 새로운 교육이 중요하다는 것을 잘 알고 있었기에 학무아문을 아꼈다. 급기야 1895년 고종은 「교육입국조서」를 반포하며 교육을 강조했다.

"교육이라는 것은 첫째로 국가를 보존하는 근본이다. 이는 백성은 모두 교육을 받을 자격이 있다는 것이다. 또 조선이 부강하고 근대화된 국가가 되려면 교육의 성격은 철저하게 '실용'적이어야 한다."

고종은 뒤이어 같은 해에 소학교령을 내렸다. 이것은 대한제국에서 국민을 가르칠 학교를 만들어야 한다는 내용을 담고 있었다. 고종의 뜻에 따라 신식 학교가 만들어지자, 곧 학생들을 가르칠 교과서가 필요하게 되었다.

고종은 학무대신 박정양을 불렀다. 박정양은 외국의 문물을 직접 관찰하고 경험한 몇 안 되는 조선의 신지식인이었다.

"지난날의 개혁 이후 조선은 새로운 시대를 맞이했소. 그리하여 조선에 신식 학교들이 생겨났지만, 가르칠 교과서 하나 없는 것이 현실이오. 학무대신은 새 시대에 맞는 교과서를 속히 만들도록 하시오."

『국민소학독본』(학부 편집국 발행, 1895, 국립중앙도서관 소장)

박정양은 그길로 돌아가, 학무아문 안에 편집국을 만들어 교과서 집필에 온 힘을 쏟았다. 마침내 1895년, 『국민소학독본』이 완성되었다. 『국민소학독본』이란 '대조선국 국민이 꼭 배워야 할 내용을 담은 읽기 책'이란 뜻을 담고 있었다.

편집국에서는 두 가지 원리로 책을 만들었다. 그것은 책의 내용에서 자세히 살펴볼 수 있다.

　第一課 大朝鮮國

　우리 大朝鮮國은 亞細亞洲 中의 一 王國이라 (중략) 世界 萬國
中에 獨立國이 許多ᄒ니 우리 大朝鮮國도 其中의 一國이라 檀箕
衛와 三韓과 羅麗濟와 高麗를 지난 古國이오 太祖大王이 開國ᄒ

신 後 五百有餘 年에 王統이 連續혼 나라이라

　吾等은 如此혼 나라에 生ᄒ야 今日에 와셔 世界 萬國과 修好 通商ᄒ야 富强을 닷토ᄂ 서에 當ᄒ얏시니 우리 王國에 사ᄂ 臣民의 最急務ᄂ 다만 學業을 힘쓰기에 잇ᄂ니라

　또혼 나라의 富强이며 貧弱은 一國 臣民의 學業에 關係ᄒ니 汝等 學徒ᄂ 泛然이 알지 말며 學業은 다만 讀書와 習字와 算數 等 課業을 修혼 ᄲ 아니오 平常 父母와 敎師와 長上의 敎訓을 조차 言行을 바르게 ᄒ미 最要ᄒ니라

제1과 대조선국

우리 대조선국은 아시아주 중의 일 왕국이라. (중략) 세계 만국 중에 독립국이 허다하니 우리 대조선국도 그중의 일국이라. 단기위와 삼한과 라려제와 고려를 지난 오래된 나라요, 태조대왕이 개국하신 후 5백여 년의 왕통이 연속한 나라이라.

우리는 이러한 나라에서 태어나 오늘 세계만국과 수호통상하여 부강을 다투는 때를 당하였으니 우리 왕국에 사는 신민의 최급무는 다만 학업에 힘쓰는 것에 있느니라.

또한 나라의 부강이나 빈약은 일국 신민의 학업에 관계하니 학생들은 데면데면 공부하지 말고, 독서와 습자와 산수 등 과업을 익힐 뿐만 아니라, 부모와 교사와 어른의 교훈을 따라 언행을 바르게 하는 것이 가장 필요하니라.

- 『국민소학독본』 제1과 대조선국

　제1과 '대조선국'을 살펴보면 조선을 외세에 영향을 받지 않는 자주적인 국가로 소개하고 있다. 더불어 학생들은 공부를 열심히 하는 것이 나라를 살리는 일이라고 했다.

第十課 時計

(서략) 然ᄒ나 理學 大家 갈리레오라 ᄒᄂ 스룸이 搖錘를 發明
ᄒ 以來로 스룸마다 輕便ᄒ 時計를 가지게 되얏시니 그 發明ᄒ던
일을 左述ᄒ노라 한 寺刹에 一個燈籠이 잇셔 天障으로 懸下ᄒ민
바름을 因ᄒ야 振動ᄒ야 左右 一定ᄒ 距離로 往來ᄒ거ᄂ 갈리레
오가 그 形容을 熟視ᄒ얏다가 집으로 도라온 後 深思 硏究ᄒ야
맛ᄎᄂᆡ 한 法을 發明ᄒ니 定振이라 ᄒᄂ 理ᄂ 곳 이거시라 今日
에 와셔 時計가 指時ᄒ기ᄂ 그 機械 中게 搖錘가 잇슴이니라

제10과 시계

(서략) 갈릴레오라 하는 사람이 요추를 발명한 후에 사람마다 편한 시계를
가지게 되었으니, 그 발명하던 일을 설명하겠다. 한 사찰에 하나의 등이 천장에
붙어 있었다. 그런데 그것이 바람에 의해 진동하여 좌우로 일정한 거리로 왕래
했다. 갈릴레오는 그 모습을 보고 집으로 돌아와 연구하여 마침내 하나의 법칙
을 발견했다. 이 법칙에 의하여 오늘날에 와서 시계의 가장 중요한 부분인 요추
가 만들어지게 된 것이다.

- 『국민소학독본』제10과 시계

제10과 '시계'에서는 갈릴레오가 관찰을 통해 법칙을 발견하고,
'요추'를 발명한 과학적인 이야기를 살펴볼 수 있다. 당시 사람들의
바람은 첫째로 조선이 청나라의 간섭에서 벗어나 대조선국으로 우
뚝 서는 것이었다. 둘째로는 서양의 기술, 특히 과학을 배워 나라가
강해지고, 국민이 잘살게 되는 것이었다. 이처럼 『국민소학독본』은
고종과 개화파, 민중이 꿈꿨던 새로운 조선의 모습을 그대로 담아

냈다.

   그런데『국민소학독본』은 한글과 한문을 함께 사용한 책이었다. 따라서 오늘날의 초등학생과 비슷한 소학교 학생들이 이 책을 읽는 것은 쉬운 일이 아니었다. 그러나 어려운 한문을 쓴 이유가 있었다. 사실『국민소학독본』은 어린이들만을 위해 만든 것이 아니었다. 당시 지식인들은 한글보다는 한문을 널리 쓰고 있었다. 한글과 한문을 동시에 선택한 것은 많은 사람들에게 책을 널리 읽히기 위한 하나의 방법이었던 것이다.

   이후 서울에는 10개의 관립소학교, 지방에는 50개의 공립학교가 세워졌다.『국민소학독본』은 이들 신식 학교의 교과서로 널리 쓰였다. 그러나 1910년 한일병합조약이 체결되자 상황이 달라졌다. 일제는 교과서 발매를 금지했고, 이후『국민소학독본』은 더 이상 만들거나 살 수 없는 책이 되었다.

   비록 일제강점기에 사라졌지만,『국민소학독본』은 서구의 근대 문명을 우리의 눈높이에 맞추어 우리말로 만든 교과서였다. 조선 사람들은 이 책을 통해 근대 문명 세계를 엿볼 수 있었다.

12

해방 후 처음 만든 국어 교과서,
『초등국어교본』

『초등국어교본』은 조선어학회에서 편찬하고, 미 군정 학무국에서 발행한 임시 국어 교과서다. 1945년 광복을 맞은 우리나라는 몇 주 만에 공립소학교(초등학교)를 열게 되었고, 학교에서 쓸 교과서로 『초등국어교본』을 만들었다. 이 책은 잊힌 우리 동요와 동화 등을 넣어 우리의 색을 더했기에 의미가 깊다. 현재 『초등국어교본』은 정독도서관 부설 서울교육사료관에 소장되어 있다.

이 이야기는 대한민국 정부가 수립되기 이전까지 임시 교과서로 쓰였던 『초등국어교본』 제작 과정의 어려움과 그 한계에 초점을 맞추어 사실적으로 재현한 것이다. 특히 재미를 위해 책의 탄생과 갈등 과정 등을 스토리텔링 기법으로 재구성했다.

광복 후 1945년 9월 11일 학무국이 설치되었다. 이곳은 교육과 관련된 일들을 도맡아 하는 임시 정부기관이었다. 얼마 지나지 않아 학무국 안에 조선어학회 사람들을 중심으로 한 편수국이 만들어졌고, 마침내 교과서 만들기가 시작되었다.

당시 공립소학교(오늘날의 초등학교)는 1945년 9월 24일에, 중등학교는 10월 1일에 개교하기로 결정이 나 있었다. 새로운 학교에는 새로운 교과서가 필요했다. 하지만 교과서를 만들기까지는 시간이 너무도 촉박했다.

곧 각계의 학자들로 '교과서 편수 위원회'가 꾸려졌다. 심도 있는 논의 끝에 학자들은 많은 교과서 중에 '국어 교과서'를 먼저 만들기로 결정했다. 하지만 의견이 서로 달라 학자들은 둘로 나뉘고 말았다. 한쪽은 '시간이 오래 걸려도 우리나라 정서에 맞는 내용을 담자.'는 것이었고, 다른 한쪽은 '시간이 없으니 일제강점기의 교과서를 참고하여 임시 교과서를 만들어보자.'는 것이었다. 학자들은 각자 쉽게 물러서지 않았다.

"일제의 핍박 속에서도 선대 학자들께서는 국어 연구를 멈추지 않으셨소. 덕분에 우리 국어 교과서를 만드는 것은 그리 큰 문제가 아니오. 그러니 조금 더 시간을 투자하여 제대로 된 국어 교과서를 만듭시다."

"당장 한 달 뒤면 학교가 개교할 터인데 무슨 소리요? 지체하지 말고 당장 책을 만들어야 합니다. 『조선어독본』에서 일본 색이 짙은 부분은 다른 것으로 대체하고, 이를 우리 정서에 맞게 번역하여 교과서를 만듭시다.”

“뭐요? 일제가 만든『조선어독본』을 그대로 반영하여 국어 교과서로 만들자는 것이오?”

“그대로 베끼자는 것이 아니라 우리 실정에 맞게 바꾸자는 겁니다.”

오랜 논의 끝에 학자들은 두 방안을 합치기로 결정했다.『조선어독본』을 참고하여 만들지만, 최대한 우리 정서에 맞게끔 책을 엮기로 했다. 또한 완벽한 교과서가 아닌 ‘임시 교과서’를 만들기로 했다.

드디어 1945년 12월 30일, 해방 후 최초의 국어 교재인『초등국어교본』(상권)이 발간되었다. 뒤이어 1946년 4월에『초등국어교본』(중권), 같은 해 5월에『초등국어교본』(하권)을 간행했다.

『초등국어교본』에는 다양한 이야기들이 담겨 있었다. 우화, 전래동화, 창작동화에서부터 동요, 동시, 아동극, 속담, 시조, 고려가요, 고소설 등이 실려 있어 국어를 재미있게 익힐 수 있도록 했다. 하지만 대부분의 이야기들이 일제강점기 때 간행된『조선어독본』에서 비롯된 것이었다. 대표적인 예로「혹부리 영감」이 있다.

전래동화「혹부리 영감」은 우리에게 너무나도 친숙한 이야기다. 이 동화는『초등국어교본』에 실리기도 했다. 그런데 이 이야기는 사실 일본의 설화인「혹 떼기」에 영향을 받았다.

일제강점기, 일제는『조선어독본』이라는 읽기 교과서를 만들었다. 이 책은 겉보기엔 국어를 배우는 책이었지만, 담고 있는 내용은 그렇지 않았다. 사실은 조선 사람들이 일본과 뿌리가 같고, 조선 사람들은 게으르고 어리석다는 내용을 동화로 교묘히 속여 실었기 때문이다. 문제가 된 동화는 「혹부리 영감」, 「욕심 많은 개」, 「의좋은 형제」 등이었다. 이 책의 영향을 받은 『초등국어교본』은 그렇게 문제 많은 동화들을 그대로 실었던 것이다. 물론 『초등국어교본』에는 우리의 이야기도 실려 있었다. 『초등국어교본』에 실렸던 동요 두 개를 살펴보자.

이 땅의 한복판에 우뚝한 이 산
단군님 우리 시조 나리신 이 산
번성한 우리 민족 앞뒤로 퍼져
우럴어 사모하는 신성한 이 산
　　　－『초등국어교본』(하권) 수록 동요, 「백두산」

머언 남쪽 바다로 침노하는 왜군을
오는 대로 다 잡은 우리 장군 이순신
그 손으로 만드신 신기로운 거북 배
이 세상에 발명된 철갑선의 첨일세
　　　－『초등국어교본』(하권) 수록 동요, 「이순신 장군」

일제강점기에는 우리의 민족성을 중시하는 「백두산」, 「이순신 장군」 같은 동요들은 절대로 교과서에 실릴 수 없었다. 『초등국어교본』이 만들어지고 나서야 미처 담지 못한 내용들을 실을 수 있었던 것이다. 또 「맴맴」, 「달 따러 가자」 같은 윤석중의 동요와 동시, 윤극영의 「반달」, 곽노엽의 「나팔꽃」 같은 동요들도 담았다. 비록 임시 교과서였으나 『초등국어교본』이 있었기에 지금까지 우리 이야기들이 전해 내려올 수 있었다.

　비록 완벽하지 못했으나, 이 책은 일본 색이 짙었던 과거의 교과서를 극복하고자 했다. 또 자라나는 어린이들에게 제대로 된 우리말을 가르치고자 했던 마음이 담겨 있다.

13

대한민국에서 최초로 정한 공식 국어 교과서, 『바둑이와 철수』

『바둑이와 철수(부제: 국어 1-1)』는 1948년 10월 5일 국어학자 박창해(1916~2010)가 짓고 문교부에서 간행한 국어 교과서다. 이 책은 최초의 공식 국어 교과서다. 그러나 단순히 한글 자모를 익히는 데 그치지 않고, 다른 사람과 의사소통하는 방법을 가르친 최초의 책이기에 의미가 깊다. 어린이들은 이 책을 통해 생활에 쓰이는 문장을 재미있는 이야기와 함께 익힐 수 있었다. 현재는 한밭교육박물관에 소장되어 있다.

이 이야기는 지은이 박창해를 중심으로 『바둑이와 철수』가 어떻게 만들어졌는지 그 과정을 사실대로 그려낸 것이다.

1945년 『초등국어교본』이 세상에 나왔지만, 더 좋은 국어 교과서를 만들려는 노력은 계속되었다. 이런 가운데 박창해는 우리에게도 친숙한 국어 교과서 『바둑이와 철수』를 만들었다.

박창해는 만주에서 태어나 연희전문학교를 졸업하고 줄곧 그곳에서 조선어와 음악을 가르치던 교사였다. 그러다가 1945년 8월 해방 이후 이북 땅인 함경북도 회령을 통해 서울로 내려왔다. 사실 박창해는 당시 최고의 국어학자이자 『초등국어교본』을 주도적으로 만든 최현배의 제자이기도 했다.

서울에 도착한 박창해는 스승을 도와 군정청 학무국 안에 있는 편수국에서 새로운 국어 교과서를 만드는 데 힘썼다. 그러나 그는 곧 벽에 부딪쳤다. 기존에 만들었던 국어 교과서와는 다른 책을 만들고 싶었는데, 참고할 만한 자료가 턱없이 부족했기 때문이다. 하는 수 없이 그는 편수국의 고문관이었던 앤더슨 중위에게 도움을 구했다.

"중위님, 미국 어린이들의 교과서를 좀 얻을 수 없을까요? 교과서가 아니더라도 교육과 관련된 것이면 어떤 것이든 부탁드립니다."

"교과서요? 그건 어렵지 않습니다만, 왜 필요한 겁니까?"

"우리나라의 교과서는 한글을 익히는 데 전혀 부족함이 없을 만큼 훌륭합니다. 그러나 저는 이것으로는 부족하단 생각이 듭니다. 그 답을 찾기 위해서입니다."

앤더슨 중위는 그길로 'Language Arts(국어)', 'History of Language

Teaching(언어교육의 역사)' 등과 같은 책을 구해주었다. 박창해는 특히 '*Language Arts*'를 감명 깊게 읽었다.

'이 책을 보니, 미국에서는 알파벳 같은 글자는 유치원에서만 다루는군. 나도 어렸을 적엔 어머니 무릎 위에서 한글 자모를 다 배웠지. 그래, 단순히 한글 자모가 아니라 일상생활에 쓰이는 생생한 우리말(언어)을 가르치자. 그래야만 비로소 우리말로 소통할 수 있다!'

박창해는 마침내 교과서를 만들 자신만의 답을 찾아냈다. 그길로 그는 연구를 거듭했다. 박창해가 가장 중요하게 생각했던 것은 배우는 사람의 상황과 관련된 이야기를 통해 자연스럽게 우리말을 익히게끔 하는 것이었다.

'단순하게 문장만 나열하지 말고, 하나의 이야기로 만들어보자! 내가 어렸을 적엔 어땠더라? 학교가 끝나면 친구들과 함께 뒷동산에 올라 그네를 타기도 했지. 유난히 추운 겨울날엔 얼음 낀 강에서 팽이놀이를 하겠다고 떼쓰다가 아버지께 혼쭐이 나기도 했지.'

박창해는 먼저 주인공을 만들어 이야기가 이어지게끔 그려냈다. 그렇게 교과서 이야기의 주인공 '철수'가 태어났다. 뒤를 이어 여동생 '영이', '순이', 강아지 '바둑이', '아버지', '어머니' 등의 등장인물들이 생겨났다. 그 이야기를 따라가 보면 다음과 같다.

철수는 가을에 입학하여 학교생활을 시작한다. 학교에서 돌아오면 여동생들과 꽃밭에 놀러 가기도 하고, 숨바꼭질을 하며 놀기도 한다. 저녁때에는 둥그런 밥상 위에 온 식구가 모여 앉아 밥을 먹는다. 철수는 친구들과 그네를 타며 놀고, 겨울에는 눈사람을 만들거나 팽이놀이를 한다.

이처럼 박창해는 자신의 어린 시절의 경험을 바탕으로 이야기를 만들어나갔다.

1948년 미군정의 도움에서 벗어나 우리나라는 '대한민국'이란 이름으로 나라를 다시 열었다. 군정청 학무국은 '문교부'란 이름으로 탈바꿈했다.

마침내 3년간의 노력 끝에 박창해는 새로운 국어 교과서를 발표했다.『바둑이와 철수(부제: 국어 1-1)』가 바로 그것이다. 이 책은 초등학교에 입학한 학생들을 위해 만든 교과서였다. 또 대한민국 정부가 세워지고 나서 처음 만들어진 공식 국어 교과서이기도 했다.

『바둑이와 철수』는 기존과 완전히 다른 교과서였다. 이 책은 "영이야 이리와 바둑이랑 놀자."라는 식으로 소리와 글자, 단어, 문장을 동시에 가르치는 방식을 담고 있었기 때문이다. 일종의 스토리텔링 교과서였던 것이다. 이 책을 통해 학생들은 한글이 들어간 문장을 재미있고 쉽게 익힐 수 있게 되었다.

"여러분, 모두『바둑이와 철수』25쪽을 펼쳐봅시다. 누가 철수와 영이, 바둑이가 지금 무엇을 하고 있는지 이야기해볼까요?"

"영이는 바둑이가 도망가는 줄 아나 봐요. 걱정이 되어서 바둑이 뒤를 열심히 쫓아가요."

"바둑이는 철수가 오는 줄 알고 마중을 나가요."

"모두 맞았어요. 그럼 이런 상황에서 어떤 문장이 쓰이는지, 교과서를 보면서 따라 해볼까요? 이리와, 이리와. 바둑아, 바둑아, 이

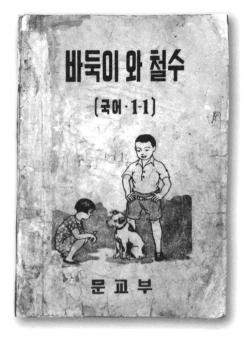

『**바둑이와 철수**(부제: 국어 1-1)』(박창해
지음, 1948, 한밭교육박물관 소장)

리와.”

　“이리와, 이리와. 바둑아, 바둑아, 이리와.”

　학생들은 한 목소리로 책을 읽었다. 이처럼 『바둑이와 철수』를
통해 재미있는 이야기와 상황에 맞는 대화를 익힐 수 있게 되었다.

　이전의 교과서는 한글 문자를 익히는 것에 중점을 두었다. 하지
만 『바둑이와 철수』는 철저하게 일상생활에 쓰이는 우리말을 가르
쳤 다. 이후의 교과서는 『바둑이와 철수』의 구성을 따르게 되었다.
이야기를 통해 자연스럽게 우리말을 익히는 것이다. 오늘날 우리는
이와 유사한 방법으로 국어를 배우고 있다.

　『바둑이와 철수』는 우리가 생각하는 것보다 더 많은 것을 바꾼

중요한 책이었다. 그래서인지 2006년 2월 교과서의 날 제정추진위원회는 『바둑이와 철수』가 만들어진 10월 5일을 '교과서의 날'로 지정하여 책의 의미를 기리고 있다.

맺음말

　우리에게 한글은 어떤 의미일까? 한글은 우리의 글자이자 문화이다. 우리의 말과 생각을 오롯이 표기하기 위해 만들어진 문자이며, 새로운 문화를 창조하고 사회를 발전시켰던 문화적 원동력이었다.

　그러나 지금까지 우리가 한글에 대해 알았던 것은 창제에 얽힌 이야기가 대부분이다. 한글이 어떻게 등장하고 변모하였으며, 사회와 문화에 영향을 주고 현재까지 이어져 온 것인가에 대해 우리는 제대로 알지 못했다. 심지어 한글이 외국어에 점점 밀려나고 있으니 한글을 물려받은 자손으로서 실로 부끄러운 일이 아닐 수 없다. 그런 의미에서 한글의 발자취를 따라가는 일은 우리의 정신과 문화를 깨닫는 것이기도 하다. 백성을 위해 창제되고, 백성을 위해 사용되었던 한글의 역사를 아는 것은 우리의 얼을 바로 세우는 것이다.

　한 예로 1999년 히토쓰바시 대학에서 행해진 심포지엄을 기억해보자. 국립 동양어 대학의 앙드레 파브르는 심포지엄에서 "20세기는 언어들의 홀로코스트 시대였다. 카탈루냐어와 한국어는 이 홀로코스트에서 살아남았다."라고 말하며 근대 한국어에 대해 강연

했다. 언어 홀로코스트 시대는 제국주의에 대한 열망으로 식민지와 피식민지가 만연하던 시대였다. 이 시기 많은 언어가 제국주의의 언어로 대체되었고 강제적으로 소멸되었다. 그러나 한글은 제국주의에 대항하며 독립의 의지를 표현하는 언어로 살아남을 수 있었다. 이런 한글이 있었기에 우리는 나라와 정신을 지킬 수 있었던 것이다. 허나, 지금 우리는 한글의 가치에 대해 얼마나 알고 있는가?

『유물로 보는 한글의 역사』에서 필자들이 말하고자 했던 것은 우리의 정신이자 문화인 한글의 가치를 바르게 인식하는 것이었다. 현대의 우리에게 한글은 무엇인가? 문자라는 수단적 의미를 넘어서 살아 숨 쉬는 한글의 세계를 우리는 만난 적이 있었던가? 지난 2년간 필자들은 한글과 관련한 유물에 얽힌 이야기를 수집하면서 비로소 한글을 이해할 수 있었다. 한글 유물을 만든 사람과 사용한 사람에 대한 기록을 역추적하고, 이것이 생활에 어떤 영향을 주고 문화적 변천을 낳았는지 고민하고 연구하고서야 한글의 가치를 깨달을 수 있었다. 이에 우리는 한글과 관련한 유물에 얽힌 역사적 기록과 사건을 씨줄과 날줄로 엮어 이야기로 풀었으며, 우리가 만났던 살아있는 한글의 역사를 생생한 이야기로 살리고자 했다.

이렇게 스토리텔링 방법으로 쓴 한글의 역사는 과히 역동적인 것이었다. 신하들의 반대를 무릅쓰고 세종이 만든 한글 해설서『훈민정음 해례본』,『훈민정음 언해본』, 불교와 유교를 통해 올곧은 사상을 보급한다는 명분으로 제작한『용비어천가』,『월인천강지곡』,『삼강행실도 언해』,『사서언해』,『번역소학』, 한글 익히는 것을 도왔던 교재인『번역노걸대』,『훈몽자회』, '언문반절표'. 이들 유물에는 한글을 보급하려 노력했던 선조들의 모습이 담겨 있었다. 어디 이뿐인가? 정조와 명성황후가 남긴 한글 편지와 김씨 부인이 올린 한글 상언으로 일상생활에 사용되기 시작한 한글의 발자취를 엿보았으며, 『완월회맹연』과 『규합총서』를 통해 한글을 사용한 여성 작가의 등장을 볼 수 있었다. 그리고 '한글버선본'으로 가족 간의 정을 나누고, '습례국'으로 예법을 배웠던 역사도 알게 되었으며, 질병으로 고통받는 백성들을 위해 한글로 『간이벽온방』을 쓰고, 『무예제보』와 『마경초집언해』를 한글로 집성하며 나라의 힘을 키우고자 했음도 살필 수 있었다.

　나아가 한글은 조선의 문화적 부흥을 도왔다. 풍류의 극치를 담은 음악은 한글로 쓴 『금합자보』, 『청구영언』으로 더욱 발전했고, 한글은 문학 · 예술 · 음악 · 과학 등 어떤 영역과도 융합했다. 그러자 한글은 왕실 사람들, 양반, 평민, 남성, 여성, 어른, 어린아이 할 것 없이 모두에게 보편적인 문자가 되었다. 힘 있는 자의 전유물이었던 문화를 백성에게 돌려주어, 만백성이 문화를 창조하게 했다. 급기야 조선 말기에 한글은 대한제국의 공식 문자로 우뚝 섰으며, 위기의 시대에 큰 힘을 발휘하였다. 조선을 찾은 선교사와 외국인 학자들은 뜻한 바를 이루려 한글로 『주교요지』, 한글본 『성경직해』, 『천로역정』, 『한불자전』, 『사민필지』를 펴냈다. 지식인들은 「말모이」, 「국문정리」, 「국어문법」으로 한글을 연구했다. 일제 강점기, 풍전등화의 현실에서 한글로 쓴 『대한매일신보』는 독립을 도모하는 힘이 되었고, '훈맹정음'은 약자의 눈이 되었다. 그리고 한글로 작성한 『국민소학독본』, 『초등국어교본』, 『바둑이와 철수』는 한글 표기가 중심이 된 새로운 시대를 알렸다. 약 570년이 넘는 역사에서 한글은 우리와 함께 살아 숨 쉬고 있었다. 이것이 바로 스토리텔링으로 제작한 35점의 유물 이야기에서 살펴본 한글의 역사 이야기였다. 우리에게 한글은 문자 이상의 글자이며, 한글이 없이는 우리의 문화와 역사를 온전히 이해할 수 없을 것이다.

끝으로 한글의 역사를 온전히 이야기로만 스토리텔링 하는 것은 보람과 한계가 교차하는 일이었음을 밝힌다. 사실 여부를 확인할 자료가 없어 일부 유물에서 이야기의 공백을 남겨야 했던 점, 한글과 관련한 유물 연구가 서책과 서지에 그쳤다는 점, 35점의 유물로 한글의 역사를 전부 살펴보려 한 점 등은 앞으로 우리가 해결해야 할 과제가 되었다. 그리고 한글과 관련하여 아직 알려지지 않은 인물과 사건, 그림과 사물 등에 스며든 한글의 발자취까지도 언젠가 이야기로 풀어 '한글의 역사'를 보완해야 할 것이다.

『유물로 보는 한글의 역사』는 한글 스토리텔링의 출발점이다. 우리는 역사의 중요한 순간을 함께해 왔던 한글이 새로운 문화를 창조하는 디딤돌이었음을 기억해야 한다. 과거 조선을 이끌었던 한글은 이제 현재의 문화를 주도하고, 세계인의 마음을 흔들 것이다. 다가올 미래는 융합적 시각으로 한글을 이해하고, 한글로 세상의 감성을 녹여낼 문화를 창조하는 것에서 시작될 것이다. 그러하기에 부족하나마 『유물로 보는 한글의 역사』에서 재현한 이야기를 통해 많은 이들이 한글을 문화이자 역사로 바라볼 수 있길 고대한다.

참고문헌

원전

『국조보감』   네이버 지식백과 DB

『승정원일기』   『임하필기』 제20권

조선왕조실록 DB   장유, 『계곡선생집』 제7권

한국민족문화대백과 DB   한국역대인물종합정보시스템 DB

한글박물관 유물스토리집(2014. 11. 14)

단행본

국립고궁박물관, 『명성황후 한글편지와 조선왕실의 시전지』, 국립고궁박물관, 2010.

국립민속박물관, 『무예문헌자료집성』, 국립민속박물관, 2004.

국립중앙박물관, 『겨레의 글, 한글』, 국립중앙박물관, 2000.

김동언, 『텬로력뎡과 개화기국어』, 한국문화사, 1998.

김슬옹, 『조선시대의 훈민정음 발달사』, 역락, 2012.

김승우, 『용비어천가의 성립과 수용』, 보고사, 2012.

김해정, 『사서언해의 비교연구』, 보고사, 2006.

나영일 외, 『조선 중기 무예서 연구』, 서울대학교 출판부, 2006.

남도영 옮김, 『마경언해』, 한국마사회, 2004.

농촌생활연구소, 『규합총서의 전통생활기술집』, 농촌생활연구소, 2003.

미우라 노부타카 외 엮음, 『언어제국주의란 무엇인가』, 이연숙 외 옮김, 돌베개, 2005.

박창원, 『한글박물관』, BM책문, 2011.

서울시, 『세종대로 주변 이야기 자료집』, 서울특별시, 2012.

세종대왕기념사업회 편집부, 『신선태을자금단 간이벽온방 벽온신방』, 세종대왕기념사업회, 2009.

송지원, 『한국 음악의 거장들』, 태학사, 2012.

예술의전당, 『朝鮮王朝御筆(한국서예사특별전 22)』, 우일출판사, 2002.

윤형두, 『옛 책의 한글판본』, 범우사, 2007.

이기대 편저, 『명성황후 편지글』, 다운샘, 2007.

이미경, 『점자로 세상을 열다』, 우리교육, 2006.

이삼형 외, 『국어교육학』, 소명출판사, 2000.

이상주, 『세종대왕 가문의 500년 야망과 교육』, 어문학사, 2009.

정주리 · 시정곤, 『조선언문실록』, 고즈원, 2011.

정창권, 『조선의 세계명작 완월회맹연』, 월인, 2013.

_____, 『한국 고전여성소설의 재발견』, 지식산업사, 2002.

정해은, 『한국 전통 병서의 이해』, 국방부 군사편찬연구소, 2004.

정호완, 『역주 번역소학』 권 6-10, 세종대왕기념사업회, 2011.

조경래, 『규합총서에 나타난 전통염색법 해설』, 한국학술정보, 2007.

조규태, 『용비어천가』, 한국문화사, 2007.

조순자, 『가집에 담아낸 노래와 사람들』, 보고사, 2006.

최현섭 외, 『국어교육학개론』, 삼지원, 1996.

한국학중앙연구원 엮음, 『조선시대 책의 문화사』, 휴머니스트, 2008.

허웅 · 이강로, 『주해 월인천강지곡 상』, 신구문화사, 1999.

홍윤표, 『한글 이야기 1』, 태학사, 2013.

_____, 『한글 이야기 2』, 태학사, 2013.

논저

강진호, 「해방기 "국어" 교과서와 탈식민주의: 『초등 국어교본』을 중심으로」, 『문학교육학』, 제30호, 역락, 2009.

강철성, 「사민필지의 내용 분석: 자연지리를 중심으로」, 『한국지형학회지』 제16집, 한국지형학회, 2009.

강혜정, 「김천택의 교유와 『청구영언』의 가집 편찬 검토」, 『고시가연구』 26, 한국고시가문학회, 2010.

고영근, 「주시경 〈국어문법〉의 형성에 얽힌 문제: 검열본을 중심으로」, 『대동문화연구』, 성균관대학교 대동문화연구원, 1995.

김기영, 「훈몽자회를 중심으로 한 최세진의 이중언어 교육 연구」, 『충남한글』 제1호, 한글학회 충남
　　　지회, 2008.

김덕모, 「개화기의 구국언론 〈대한매일신보〉 논설 분석」, 『한국언론학회 심포지엄 및 세미나』, 한글
　　　언론학회, 2004.

김동소, 「무예제보 연구」, 『한글』 251, 한글학회, 2001.

김동언, 「현대 국어 번역 문체 변천: 천로역정과 성경을 중심으로」, 『어문논집』 제47집, 민족어문학
　　　회, 2003.

김문웅 · 남권희, 「마경초(언해)에 대한 서지와 특징」, 『국어사연구』 제3호, 국어사학회, 2002.

김민수, 「국문정리」, 『한글』 제117호, 학글학회, 1956.

＿＿＿＿, 「주시경 지음, 『대한국어문법』 해제」, 『아세아연구』 제57집, 고려대학교 아세아문제연구소,
　　　1977.

김성란, 「『번역노걸대』와 『노걸대언해』의 대조 연구」, 상명대학교 대학원, 2000.

김슬옹, 「조선시대 언간에 나타난 우리말의 아름다움과 가치」, 『나라사랑』 제122집, 외솔회, 2013.

김영진, 「조선후기 시가 관련 신자료」 (1), 『한국시가연구』 제18집, 한국시가연구학회, 2006.

김영희, 「『대한매일신보』 독자의 신문인식과 신문접촉 양상」, 『한국언론학회 심포지엄 및 세미나』,
　　　한국언론학회, 2004.

김용찬, 「〈청구영언〉 편찬의 의의와 자료적 가치」, 『시학과 언어학』 제5집, 시학과 언어학회, 2003.

김윤조, 「저촌 이정섭의 생애와 문학」, 『한국한문학연구』 제14집, 한국한문학연구회, 1991.

김주국, 「『번역노걸대』와 『노걸대언해』의 비교연구」, 원광대학교 교육대학원, 2008.

김혜정, 「국어교육자료 변천사」, 『국어교육론』, 한국문화사, 2005.

김환희, 「〈혹부리 영감〉의 일그러진 얼굴」, 『열린어린이』 제52집, 열린어린이, 2007.

김희진, 「최세진의 저서 해설」, 『새국어생활』, 제9권 3호, 국립국어연구원, 1999.

남정희, 「청구영언 편찬을 전후한 18세기 전반 경화사족의 시조향유양상」, 『한국고전연구』 8, 한국
　　　고전연구학회, 2002.

리델, 「『한불자뎐 韓佛字典』 서문」, 고길수 옮김, 『형태론』 제4집, 도서출판 박이정, 2002.

문미희, 「빙허각 이씨의 여성교육관」, 『한국교육학연구』 제18권 1호, 안암교육학회, 2012.

문주석, 「김천택의 음악관 연구: 진본 청구영언을 중심으로」, 『민족문화논총』 제38집, 영남대학교
　　　민족문화연구소, 2008.

민현식, 「개화기 한글본 '사민필지'에 대하여」, 『국어교육』 제100집, 한국국어교육연구회, 1999.

박병채, 「간이벽온방」 해제, 『民族文化研究』 제7집, 고려대학교민족문화연구소, 1973.

박성래, 「역사속 과학인물: 개화기 교과서 "사민필지"의 저자 미국 호머 헐버트(1863~1949년)」,
　　　『과학과 기술』, 제34집, 한국과학기술단체총연합회, 2001.

박승배, 「갑오개혁기 교과서에 나타난 교육과정학적 이념 연구: '소학' 교과서를 중심으로」, 『교육과 정연구』, 한국교육과정학회, 2011.

박옥주, 「빙허각 이씨의 『규합총서』에 대한 문헌학적 연구」, 『한국고전여성문학연구』 제1집, 월인, 2000.

박정규, 「대한매일신보의 참여인물과 언론활동」, 『한국언론학회 심포지움 및 세미나』, 한국언론학 회, 2004.

박종갑, 「주시경의 〈國語文法〉 연구」(1), 『한민족어문학』 제25집, 한민족어문학회, 1994.

_____, 「주시경 문법의 문법 모형 연구 (1): 「국어문법」을 중심으로」, 『한민족어문학』 제40집, 한민 족어문학회, 2002.

박종석 · 김수정, 「1895년 발간된 『국민소학독본』의 과학교육사적 의의」, 『한국과학교육』, 한국과학 교육학회, 2013.

박지연, 「문헌별 한약 '약명' 사용 양상 연구」, 『어문학』 제113호, 한국어문학회, 2011.

박태권, 「최세진 선생의 언어학적 업적 연구」, 『한힌샘 주시경연구』 12집, 한글학회, 1999.

백낙천, 「한국사상(韓國思想)문학(文學): 주시경의 삶과 학문의 세계」, 『한국사상과 문화』, 한국사상 문화학회, 2013.

백남중, 「송암 박두성 선생의 재활사업」, 『황해문화』 제61호, 새얼문화재단, 2008.

서경희, 「김씨 부인 상언을 통해 본 여성의 정치성과 글쓰기」, 『한국고전여성문학연구』 12, 한국고전 여성문학회, 2006.

심승구, 「한국무예사에서 본 무예제보의 특성과 의의」, 『한국무예의 역사, 문화적 조명』, 국립민속박 물관, 2004.

서태열, 「개화기 학부발간 지리서적의 출판과정과 그 내용에 대한 분석」, 『사회과교육』 제52집, 한국 사회과교육연구학회, 2013.

서혁, 「효과적인 읽기 교수학습을 위한 교재 구성 연구」, 『국어교육연구』, 서울대 국어교육연구소, 1996.

양정호, 「언해본 무예제보에 대하여」, 『관악어문연구』 제28집, 서울대학교 국어국문학과, 2003.

여찬영, 「분문온역이해방의 분석적 연구」, 『우리말 글(The Korean Language and Literature)』 Vol.51, 우리말글학회, 2011.

오새내 · 김양진, 「국어학: 해방 후, 최초의 국정교과서 『바둑이와 철수』(박창해 지음, 1948) 편찬의 국어학사적 맥락 연구: 고(故) 박창해 구술 자료를 중심으로」, 『우리어문연구』 제49집, 우리 어문학회, 2014.

유예근, 「국문정리 연구」, 『한국언어문학』, 제8 · 9집, 한국언어문학회, 1970.

이기대, 「明成皇后 국문 편지의 文獻學的 研究」, 『한국학연구』 20, 고려대학교 한국학연구소, 2004.

_____, 「19세기 왕실 여성의 한글 편지에 나타난 공적(公的)인 성격과 그 문화적 기반」, 『어문논집』 제48집, 중앙어문학회, 2011.

_____, 「『명성황후어필』 연구」, 『한국민족문화』 44, 부산대학교 한국민족문화연구소, 2012.

이삼형, 「국어 교과서 체제 변화에 대하여」, 『국어교육학연구』 제4집, 국어교육학회, 1994.

이상원, 「조선후기 예인론: 악사 김성기」, 『한국시가연구』 제18집, 한국시가연구학회, 2005.

이연, 「대한매일신보와 국채보상운동: 배설과 梁基鐸를 중심으로」, 『한국언론학회 심포지움 및 세미나』, 한국언론학회 , 2004.

이은령, 「19세기 이중어 사전 『한불자전(1880)』과 『한영자전(1911)』 비교 연구」, 『한국프랑스학논집』 제72집, 한국프랑스학회, 2010.

이응호, 「외국인의 사전 편찬 사업」, 『명지어문학』 제7호, 명지대학교 인문대학 국어국문학과, 1975.

이지영, 「사전 편찬사의 관점에서 본 『韓佛字典』의 특징: 근대국어의 유해류 및 19세기의 『國漢會語』, 『韓英字典』과의 비교를 중심으로」, 『한국문화』 제48집, 서울대학교 규장각한국학연구원, 2009.

임성규, 「미 군정기 초등학교 국어교재 수록 아동문학 제재 연구: 『초등 국어교본』을 중심으로」, 『국어교육연구』 제44집, 국어교육학회, 2009.

임안수, 「한글 점자를 창안한 송암 박두성 선생의 생애와 업적」, 『황해문화』 제61호, 새얼문화재단, 2008.

임정하, 「규합총서의 국어학적 연구」, 전남대학교 대학원, 2008.

임형택, 「김씨부인의 국문 상언(上言): 그 역사적 경위와 문학적 읽기」, 『민족문학사연구』 제25호, 민족문학사학회, 2004.

전용호, 「근대 지식 개념의 형상과 〈국민소학독본〉」, 『우리어문연구』, 우리어문학회, 2005.

정승혜, 가난한 선비들의 『사서언해』, 『문헌과 해석』 통권 25호, 문헌과해석사, 2003.

정진석, 「대한매일신보 창간의 역사적 의의와 그 계승문제」, 『한국언론학회 심포지엄 및 세미나』, 한국언론학회, 2004.

정창권, 「대하소설 『완월회맹연』을 활용한 문화콘텐츠 개발」, 『어문논집』 제59집, 민족어문학회, 2009.

정해은, 「조선후기의 여성 실학자 빙허각 이씨」, 『여성과 사회』 No.8, 창작과비평사, 1997.

채완, 「훈몽자회와 한글 맞춤법」, 『새국어생활』, 제9집 3호, 국립국어연구원, 1999.

조광, 「조선후기 서학서의 수용과 보급」, 『민족문화연구』 제44호, 고려대학교 민족문화연구원, 2006.

최선아, 「안상의 가계와 생애 및 『금합자보』 편찬 과정」, 『한국음악사학보』 제49집, 한국음악사학회, 2012.

최현배,「기독교와 한글」,『신학논단』제7집, 연세대학교 신학회, 1962.

한길연,「『옥원재합기연』과 『완월회맹연』의 비교 연구」,『국문학연구』제11권, 국문학회, 2004.

한미경,「『노걸대(老乞大)』언해본에 대한 서지적 연구」,『서지학연구』제52집, 서지학회, 2012.

허재영,「과도기(1945~1955)의 국어과 교과서」,『교육한글』제16 · 17호, 한글학회, 2004.

홍종선, 한글과 한글문화,『세계 속의 한글』, 박이정, 2008.

홍종진,「『琴合字譜』에 나타난 笛譜와 그 음악」,『국악과교육』제34집, 한국국악교육학회, 2012.

기사

권란,「5살 아이에서 임금으로 … 정조의 손글씨」,『SBS TV』, 2014. 3. 19, 〈http://w3.sbs.co.kr/news/newsEndPage.do?news_id=N1002301658〉

김태식,「순원왕후 한글 전교 · 김만중 딸 한글 상소 공개」,『연합뉴스』, 2004. 8. 3, 〈http://news.naver.com/main/read.nhn?mode=LSD&mid=sec&sid1=103&oid=001&aid=0000720996〉

디지털한글박물관,「정조 임금도 5살엔 귀여운 조카였구나」, 〈http://www.hangeulmuseum.org/sub/hanLife/culture_han/king_letter01.jsp〉

우종윤,「철수와 영희, 바둑이 모두 여기 있네」,『세종의 소리』, 2012. 2. 21, 〈http://www.sjsori.com/news/articleView.html?idxno=432〉

이한수,「'친일' 매일신보 · 경성일보 대해부」,『조선일보』, 2005. 5. 13, 〈http://www.chosun.com/culture/news/200505/200505130239.html〉

조봉권,「가톨릭출판사 내달로 120주년: 최초 우리말 문법서 '한불자전' 편찬」,『국제신문』, 2006. 7. 28, 〈http://www.kookje.co.kr/news2011/asp/newsbody.asp?code=0500&key=20060729.22013204727〉

사진

가톨릭대학교 전례박물관 간송미술관

국립고궁박물관 국립중앙도서관

국립한글박물관 네이버 지식백과

디지털한글박물관 배재학당 기념관

서울대학교 규장각 세종대왕기념사업회

절두산순교기념관 한국교회사연구소

한겨레음악사전 한밭교육박물관